JN033556

英語の教室で何ができるか

ことばのまなび工房〔監修〕
若林 茂則〔編〕
大津由紀雄
吉田 研作
尾島 司郎
中川 右也
柴田 美紀
冨田 祐一
白畑 知彦
松村 昌紀〔著〕

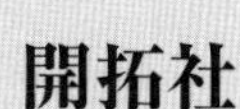
開拓社

まえがき

私たちは，英語の教室で何を学んだでしょうか。今，子どもたちは英語の教室で何を学んでいるのでしょうか。私が高校生だったころ ── もう 45 年以上も前，まだ手軽に携帯できる音源装置がなかった時代 ── と現在では，社会は大きく変わり，英語に触れる機会もずいぶん増えました。しかし，私が中学高校で学んだ「英語」と，今の中学生高校生大学生が学んでいる「英語」は，それほど違わないはずです。しかし，どうやって学ぶか，どういう活動を通して学ぶかは大きく変わっているはずです。とは言え，学校現場にいない私たちには，その変化の様子は見えにくいのが現状です。

本書のもととなる連続ワークショップ「英語の教室で何ができるか」（ことばのまなび工房主催）では，現場レポートという形にとらわれず，少し離れたところから，英語教育の専門家の皆さんに，「英語の教室で何ができるか」という題で語っていただきました。現状の混沌はさておいて，何ができるかを語っていただこうというのが，その狙いでした。お読みになればわかる通り，期待通り，いやそれ以上に，面白いものが見えてきました。

連続ワークショップ「英語の教室で何ができるか」の趣旨は次のとおりです。

> 「英語の教室で何ができるか」というタイトルは，英語の教室という時間・空間とそこでの活動の中で，「教師や学習者には何が可能か」と「何が生まれてくるか」という問いかけです。『英語の教室』は，単なる知識や詰め込み場所や技能の訓練所ではなく，何かが生まれる出会いの空間，何かが生み出される創作の時間であるべきでしょう。英語の教室にはどんな可能性がどれほどあるのか，また，その実現にはどのようなことが必要か，私たちに何ができるのか。日本の英語教育を牽引する先生方のお話を伺い，アイデアを出し合って，楽しく，か

つ，真剣に考えましょう。

この文を添えて，講師の方々に出演を依頼しました。毎回，講師お二人からのお話をいただき，その後，質疑応答と意見交換をしました。4 回の講師に期待した内容は，各章のはじめに掲載したので，そちらをご覧ください。毎回，期待をはるかに超えて，刺激的なお話を伺うことができました。

第 1 回（2022 年 4 月 23 日）は大津由紀雄，吉田研作という，現在の英語教育に大きな影響を与えた，また，与え続けているお二人です。将来，平成と令和の日本における英語教育を研究する人たちは，このお二人に触れずには，論文を書くことはできません。英語教育で何をどう教えるかについてどんな考え方があるかという点から，お二人の考えを聞かせていただきました。

第 2 回（2022 年 5 月 28 日）は尾島司郎・中川右也という，現在，大活躍中のお二人による，実際の教育活動に基づく取り組みの紹介を中心としたお話でした。このお二人の話には，2023 年現在の教室活動に直接反映できるヒントがたくさん含まれています。すぐに実行できそうなこともたくさんあり，評価の方法を含めた実践報告もありますから，現役の先生方は，ぜひご活用ください。

第 3 回（2022 年 6 月 25 日）は，柴田美紀・冨田祐一という，言語・文化・アイデンティティーなど，現代社会における英語の捉え方と，その捉え方から見えてくる私たちの世界観を中心に研究をなさっているお二人にお話を伺いました。期待通り，様々な英語の存在や「母語話者モデル」の問題と意味など，通常，日本の学校で英語に触れるだけでは気づかない視点をお示しいただきました。意見交換では，受験と英語教育についての議論もあり，現実の教育現場で何をどう教えるか，若い先生が考えていらっしゃることも見えて，刺激的な回でした。

第 4 回（2022 年 7 月 23 日）は，白畑知彦・松村昌紀という，第二言語習得研究者であり，かつ英語教育者であるお二人をお招きしました。教科書を使った授業活動で実際のコミュニケーションを行わせるには，学習者視点で考え，彼らの認知レベルにあった活動を加えて行うこと，学習者の頭の中で何が起こっているかを考えてタスクを作ることなど，授業デザインにおける最も重要な問題で，かつ，日本の学校現場――つまり「英語の教室」――で何ができるかという問題に正面から答えていただきました。具体的な例もあげて話していただいているので，こちらも現場の先生には，ぜひ参考にしていただきたいと思います。意見交換の中で出された「何で英語やらなきゃならないの」という質問が生徒・学生から出てきたらどう対応するかという問いに対するお話も，私には目から鱗が落ちる思いでした。

本書の作成にあたって，あらためて，講師の話や意見交換を見直し，編集しながら考えさせられたのは，やはり，英語教育に限らず，教育は面白いということ，そして，大変だ（大変だからやりがいもある！）ということ，それに加えて，授業を展開していく先生たちが力を伸ばし続けるためには，先生たちの成長を支える時間や空間の保証が欠かせないという点です。授業を担当する先生は，先生が日本語母語話者であるにせよ英語母語話者であるにせよそれ以外の言語の母語話者であるにせよ，計画・準備を十分に行うことが欠かせませんが，さらにその基盤としては，計画や準備をしたうえで行う授業――英語の教室――が生徒・学生の「しあわせ」にどうつながるかを考えることが何より大切でしょう。もちろん，日本の学校現場で何をどう教えるかについては，小中高では指導要領という共通基盤があるにせよ，現場は一つ一つ違うわけですから，それぞれの先生が，目の前の子どもたちにとって一番良いと思うこと，また，実行可能なことも一つ一つ違うはずです。

先生一人一人が，自分の担当する生徒・学生の顔・声・姿を思い浮かべながら教材準備ができる，そういう学校。そういう学校を作っていくのは，社会全体――つまり私たち一人一人――だと思います。

ことばは私たちを支えてくれます。ある程度の年齢になれば，人と知り合うのは，まずは，ことばを使ってです。英語は，そういう意味では，人と知り合う機会を広げてくれるわけです。私たちの目を日本だけでなく外に向けてくれるし，外からの支えを得る，大きな手段です。さらに，英語という言語を知ることで，母語である日本語を知る，日本語を話さない人の考えや行動を知ることで，自分自身を知るということにもつながります。英語教育は最終的には，児童・生徒・学生と私たち自身の平和と安心につながるにちがいありません。

人と人がつながることは，他者を尊重し，自己を大切にする重要な基盤です。「英語の教室で何ができるか。」英語の教室で，そこにいる人，そこを取り巻く人たちが，生きていると感じ，幸せになる──私も英語の授業をする1人として，そういう教室を作っていきたいと思います。

この場を借りて，連続ワークショップ「英語の教室で何ができるか」に参加してくださった皆さんに感謝を申し上げるとともに，特に，質疑応答・意見交換で発言いただいた以下の方々にお礼を申し上げます（順不同・敬称略，所属はいずれもワークショップ開催当時）。

廣江顕（長崎大学），伊藤智子（練馬区立大泉学園中学校）
奥田万里子（公立高等学校英語科教諭），伊藤倭（中央大学文学部学生）
山下あき子（公立小学校英語専科指導員），狩野暁洋（活水女子大学）
神山創（兵庫県立多可高校），箱﨑雄子（大阪教育大学）

最終回の質疑応答・意見交換では，最近いろいろモノが言いにくいし，発言する人が少なくなったという話が出ています。ことばの教育に関わる私たちは，できるかぎり機会をとらえて，なにが大切かをことばにして問う必要があるように思います。質問や意見を披露してくださった皆さんに敬意を表するとともに，自分自身も，考えを発信し続けていきたい。そして，できる限りつながりをつくって，できる限り皆さんと一緒に語り合いたい。そう思います。

最後になりましたが，ことばのまなび工房理事の飯尾淳さん，櫻井淳二さん，それから，この出版を引き受けてくださった開拓社の皆さん，特に，我慢強く原稿ができあがるのを待ってくださった出版部の川田賢さんには一方ならぬお世話になりました。

ここに深く感謝申し上げます。

2023年8月
バンコクのはずれの風通しの良いコンドミニアムの部屋にて

若林 茂則

目　次

まえがき　*iii*

第 1 章　大津由紀雄・吉田研作 ……………………………………… *1*

1.　生徒の心に火をつける ………………………… 大津由紀雄　*2*

1.1　はじめに　*3*

1.2　英語教育政策　*9*

1.3　ことばへの気づき　*13*

1.4　英語だからこそ　*18*

2.　今，教室でできること ………………………… 吉田研作　*20*

2.1　学習指導要領　*21*

2.2　ノーティシング，スキャフォルディング　*25*

2.3　話題の広がり　*28*

2.4　思考力，判断力，表現力　*29*

2.5　教員，教室活動，学習者のレベル　*33*

2.6　大海に出る　*34*

3.　質疑応答・意見交換 ……………………………………… *37*

3.1　帰納的学習は実現可能か　*37*

3.2　母語の活用　*39*

3.3　スパイラル・ラーニング　*40*

3.4　何で英語やるの？　*41*

3.5　気づき，多言語教育，機械翻訳　*44*

3.6　意欲の評価，行動の評価　*46*

3.7　他教科との違い　*49*

3.8　再び評価　*51*

第 2 章　尾島司郎・中川右也 …………………………………………… *55*

1.　心，人，社会をつなぐ英語授業 ……………………… 尾島司郎　*56*
1.1　はじめに　*56*
1.2　ことばと心の結びつき　*58*
1.3　内容重視型授業　*60*
1.4　プロジェクト型授業　*69*
1.5　心，人，社会をつなぐ英語の授業　*78*

2.　学校における英語教育はどうあるべきか ………… 中川右也　*79*
2.1　自己紹介　*79*
2.2　理想の授業　*80*
2.3　本物とは　*81*
2.4　構成主義と協働　*83*
2.5　授業での教師の役割　*86*
2.6　ICT を活用した海外との交流　*89*
2.7　メタ認知と振り返り　*94*
2.8　近い未来の教室　*96*

3.　質疑応答・意見交換 ……………………………………………… *98*
3.1　振り返りのためのフレームワーク　*98*
3.2　Flipgrid　*99*
3.3　協働授業の相手を探す　*100*
3.4　大学院でのまなび　*101*
3.5　ペアワークの工夫　*103*
3.6　動画の活用　*105*
3.7　なぜ英語でやるのか　*107*

第 3 章　柴田美紀・冨田祐一 …………………………………………… *115*

1.　言語観を磨く ………………………………………… 柴田美紀　*116*
1.1　はじめに　*116*
1.2　思い込みに揺さぶりをかける　*118*
1.3　お手本としての英語　*125*
1.4　言語態度を探る　*126*
1.5　グローバル・コモンズ　*130*

2. 外国語教師がやるべきこと …………………………… 冨田祐一 *134*
2.1 お手本を探す日本 *134*
2.2 教室とは *136*
2.3 3つの鍵 *137*
2.4 VUCA *140*
2.5 Diversity *141*
2.6 ICT *143*
2.7 外国語教育 *143*

3. 質疑応答・意見交換 ………………………………………………… *151*
3.1 国際語としての英語って？ *151*
3.2 通じることの大切さ *154*
3.3 英語は誰のもの *156*
3.4 受験と英語教育 *158*
3.5 目標 *164*
3.6 機器 *168*

第4章 白畑知彦・松村昌紀 ……………………………………………… *171*

1. 生徒への教師の問いかけと深いまなび …………… 白畑知彦 *172*
1.1 はじめに *172*
1.2 教師の問いかけ *173*
1.3 具体例1 *176*
1.4 具体例2 *178*
1.5 教師の力量 *180*
1.6 まとめ *182*

2. 英語の教室をどのようにできそうか ……………… 松村昌紀 *183*
2.1 はじめに *183*
2.2 英語教育の教室はどのようか *184*
2.2.1 馬の前に荷車を置く *184*
2.2.2 練習アプローチ *186*
2.2.3 責任感・査定・プライド *188*
2.3 環境としての課題 *190*
2.3.1 環境世界 *190*
2.3.2 タスクと TBLT *191*
2.4 言語教育の意味 *194*

2.5　おわりに――環境と経験　*198*

3.　質疑応答・意見交換 ……………………………………………… *200*

3.1　日本社会と英語教育の衝突　*200*

3.2　国際共通語としての英語　*203*

3.3　批判する力　*203*

3.4　教員の「自由」と拘束　*204*

3.5　英語使用の必然性　*206*

3.6　なぜ英語を学ぶのか　*210*

第 1 章[1]

大津由紀雄・吉田研作[2]

「英語の教室で何ができるか」の第 1 回には，大先輩お二人にご登壇いただきます。申し上げるまでもなく，講師のお二人は，英語教育の研究者や教師の養成をはじめ，政策提言や現場指導，言語習得研究・教材開発・テスト開発など，長年にわたり様々な面から日本の英語教育に大きな影響を与えていらっしゃいました。一方で，現状の英語教育の良い点・悪い点，教育行政や教員養成に関するお考えなど，異なる視点や方向からのご提言も多いようにお見受けします。お二人のお話を伺い，様々な可能性を考えたいと思います。

[1] 対談は 2022 年 4 月 23 日午後 3 時からオンラインで実施。他章の対談日は本書の「まえがき」参照。

[2] 講演者の順は，すべての章で五十音順となっている。

1. 生徒の心に火をつける

大津由紀雄

Ph.D.（マサチューセッツ工科大学）。一般社団法人「ことばの教育」代表理事。関西大学・中京大学客員教授，慶應義塾大学名誉教授。日本認知科学会会長，言語科学会会長，日本英語学会副会長，東京言語研究所運営委員長などを歴任。専門領域のことばの認知科学プロパー以外にも，『日本語からはじめる小学校英語 ― ことばの力を育むためのマニュアル』共編著（開拓社 2019），『どうする，小学校英語？ ― 狂騒曲のあとさき』共編著（慶應義塾大学出版会 2021）をはじめ，日本の英語教育に関する多くの著書・論文がある。

皆さん，こんにちは。大津由紀雄です。今日は吉田研作さん[3] と，久しぶりにご一緒できるということで，とても楽しみにしてきました。30 分という限られた時間ですのでなるべく私の考えが凝縮された形で，かつ，議論を盛り上げるという点ではなるべく強い形にして話を進めていきたいと思います。

[3] 研究者や教師の間では「先生」という呼称で呼び合うのが一般的であるように感じますが，わたくしはその慣習が好きでありません。師弟関係，ないしは，それに準じた関係がある場合を除き，「さん」という呼称を用いるようにしています。長年の友人である吉田研作さんの場合はなおさらです。ここでも，「吉田研作さん」，あるいは，「研作さん」という普段着の呼称を使っています。

1.1　はじめに

最初に「英語の教室で何ができるか」というのが今回のテーマですけれども，まず結論から申し上げますと，できることというのは「生徒の心に火をつける」ということに尽きるだろうと思います。しかし，これだと抽象的なのでもう少し具体的に言えば，「思考を支える基盤としての母語の大切さ，そして，ことばの世界の楽しさ，豊かさ，怖さを知る」ということになるかと思います。同時にことばに対する関心を育むということもあります。大切なこととしては，ここしばらくの間，日本の学校英語教育の合いことばになってしまっている「コミュニケーション英語」というようなものにうつつを抜かしていてはいけないという警告を発しておきたい。

まず，「子どものこころに火をつける」ということですけれども，津田塾大学の天満美智子さん──昨年お亡くなりになりました。ご冥福をお祈りしたい──がだいぶ前に『子どもが英語につまづくとき』[4] という小さいけれどもとても重要な本をお書きになりました。天満先生がこの本を書いたきっかけになったのがジョン・ホルトという人の *How Children Fail* という本なのです。*How Children Fail*, *How Children Learn* の 2 冊でセットになっています。[5]

その中に，ホルトが言っている，言ってみれば，basic philosophy── 一番基本的な考え方というようなものがあります。原文は英語です。

Basic Philosophy

- ➢ Children love to learn, but hate to be taught.
- ➢ All children are intelligent. They become unintelligent because they are accustomed by teachers and schools to strive only

---

[4] 天満美智子 (1982).『子どもが英語につまづくとき──学校英語への提言』研究社.

[5] Holt, John (1964). *How Children Fail*. Pitman. Holt, John (1967). *How Children Learn*. Pitman. わたくしの手元にあるのはこの版ですが，両書ともその後，Classics in Child Development シリーズ (Da Capo Lifelong Books) の中で改訂版が出版されています。

for teacher approval and for the "right" answers, and to forget all else.

- When children are very young, they have natural curiosity about the world, trying diligently to figure out what is real.

英語のほうが心地良いという方もたくさんおいでかと思うのですけれども，時間もないことですから，日本語訳を使って話を進めます。

子どもというのは学ぶことは好きだけれども，教わることは嫌がる。

子どもは，教わるのは苦手なんだっていうことです。子どもはもともと知的な存在である。けれども，学校で先生に認められよう，正しい答えを出そうと思うと，その思いだけで努力して，それ以外のことは忘れてしまうようになってしまう。それによって，もともと持っていた知性，知的な部分というものが失われてしまうのだ。子どもは，幼い頃から自然に周りのことに好奇心を持ち，真実を見極めようと真剣に考えている，そういう存在なのだという，これがホルトの基本的な考えです。

それにとても似た考えを持っている英語圏の研究者がいます。

The truth of the matter is that about 99 percent of teaching is making the students feel interested in the material. Then the other 1 percent has to do with your methods. And that's not just true of languages. It's true of every subject. We've all gone to schools and colleges, and you all know that you have taken courses in school where you have learned enough to pass the exam, and then a week later you forget what the subject was. Well, that's the problem.

ここも日本語を使って話しますとおよそこんなことになるかと思います。

教えるということの99%は，生徒たちに，教える対象に興味を持たせるということなのです。

つまり，残りの1%だけが教え方の問題ということになります。さらにその人は続けてこう言っています。

> Learning doesn't achieve lasting results when you don't see any point to it. Learning has to come from the inside; you have to want to learn. If you want to learn, you'll learn no matter how bad the methods are.

> わけがわからないのにいくら学ばせても定着しません。学ぶということは学習者の内側から生じるものなのです。つまり学びたいと思う心が大切なのです。学びたいという気持ちがあれば教え方がどんなにひどくても学びは成り立ちます。

この最後のくだりからして，この人はとても極端な言い方をしていますから，恐らく科学者ではないかという想像がつくかと思います。心当たりがおありの方もいらっしゃるかと思いますが，書いた主はノーム・チョムスキーです。[6]

今，ホルトとチョムスキーの教育観のようなものをお話ししましたけれども，それと同じか，あるいは似た考えを持った人は，日本の中にもいます。田尻悟郎さんがその 1 人で，数年前に横溝紳一郎さんと柳瀬陽介さんが中心になって田尻さんのライフ・ヒストリーの一部分をまとめた『生徒の心に火をつける』[7] という本があります。

田尻さんはご存じの方も多いかと思います。ご紹介した本の中で横溝さんがこうまとめておられます。

> 田尻氏の，「子どもの可能性を信じて，それを引き出してあげることが教師の務め」という揺らぎのない信念こそが，その工夫を支えているという思いを強く持つようになりました。「田尻先生は自分のこと

[6] Chomsky, Noam (1988) *Language and Problems of Knowledge, The Managua Lectures*, MIT Press. 181–182 からの引用。

[7] 横溝紳一郎（編著）大津由紀雄・柳瀬陽介（著）田尻悟郎（監修）(2010)『英語教師　田尻悟郎の挑戦 ── 生徒の心に火をつける』教育出版.

> を信じて，自分に期待してくれている」というメッセージが生徒一人ひとりにしっかりと伝わっていることこそが，田尻実践の「生徒の心に火をつける」メカニズムの中心部分ではないかと，現在は思っています。
> （横溝（編著）2010, 275-276）

ここにもホルトやチョムスキーと共通する何かを感じ取っていただけるかと思います。

もう1人日本の方でご紹介したい人がいて，中嶋洋一さんという方です。中嶋さんともご一緒に仕事をしたことがあります。『15（フィフティーン）── 中学生の英詩が教えてくれること』という題の本です。[8] 中嶋さんはご存じの方も多いかと思いますけれども，この当時は富山県の砺波市立出町中学校で教頭先生をなさっておりました。英語の先生です。その後しばらくしてから関西外国語大学に移られて，現在（この対談当時）もそこで教授をなさっておられます。この本は2006年にまとめられたものです。

この本はなかなかおもしろい本なのですけれども，中心になっているのは子どもたち，日本の中学生たちが作った英詩です。1つ，2つご紹介します。これは図1のような綺麗な絵。色合いが必ずしも画面では正確に反映してないかもしれませんけど実物を見ますととても綺麗です。字が小さいのでその部分だけちょっと大きくしますと図2のような具合になります。

---

[8] 中嶋洋一・大津由紀雄・佐藤礼恵・幸若晴子・柳瀬陽介（2006）『15（フィフティーン）── 中学生の英詩が教えてくれること ── かつて15歳だった全ての大人たちへ』ベネッセ.

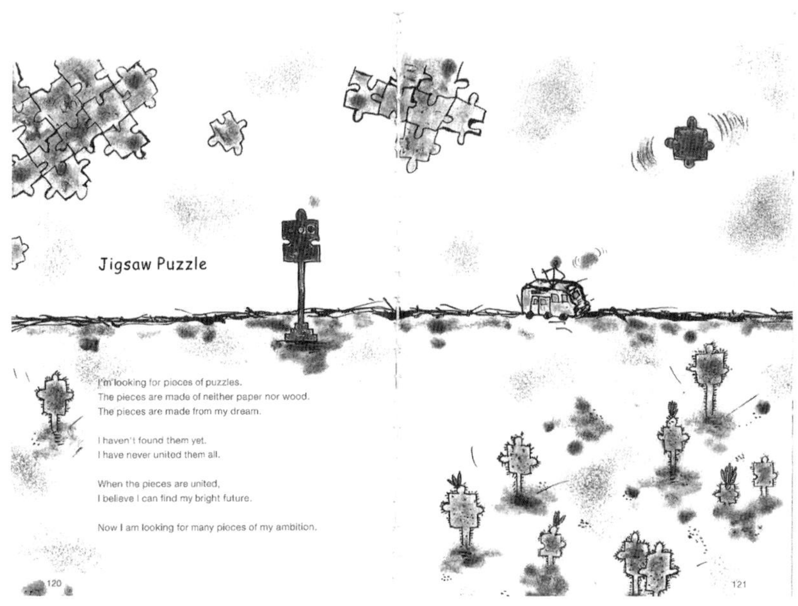

図 1

> I'm looking for pieces of puzzles.
> The pieces are made of neither paper nor wood.
> The pieces are made from my dream.
>
> I haven't found them yet.
> I have never united them all.
>
> When the pieces are united.
> I believe I can find my bright future.
>
> Now I am looking for many pieces of my ambition.

図 2

英語の言い方としてはちょっとおかしい部分があるということをお気づきの方もあるかと思いますけれども，しかし，子どもたちが，自分たちが学んだ英語で――中学生ですけれども，当時はまだ小学校で英語を習い始めていなくて――学び始めてからわずかな間にこういう詩を自分の心の叫びとして作ることができたということは，これはとても重要なことだと思います。

もう 1 つご紹介します。“The Sky and My Secret” という題になっています。

The Sky and My Secret

I cried,
Because I was really sad.

I cried secretly.
I cried alone.

Only the sky knew it.
It was our secret.

図 3

こういう詩です。これも先ほどのものと同じ，日本の中学生が学んだ英語を使って作り上げたもので，こういう詩を自分の内側にある心の一部分を描写したものとして書くことができたというのはとても大きい。中嶋さんは子どもたちの心を表現できる，そういう英語を身につけてほしいと考えてずっと授業をなさっていました。

今まで幾つかの実践も含めて教育に関する考え方をご紹介してきたわけですけれども，英語を通して火をつける。子どもの心に火をつける。英語を通して火をつけるということを考えたときに，特に田尻さんと中嶋さんの実践から分かってくることとして，ことばに対する関心を高め，ことばを大切に思う心をきちんと形成しておくこと，このことが大切だと，お二人は言っているのではないかと思います。

1.2　英語教育政策

振り返って，ここしばらくの日本の英語教育政策，ことに学校英語教育の在り方に関する政策を振り返ってみましょう。小学校英語は，最初は外国語活動として，その後は教科としての外国語として導入されました。しかし実際のところは，英語活動と教科としての英語です。さらに，先ほどちょっと申し上げた「コミュニケーション英語」への志向性があります。それから，実現はしませんでしたけれども大学入試への民間試験の導入というような動きもあります。

わたくしは，そういう動き，教育政策の在り方というのは根本的に間違ったもので，学校英語教育というのはもっと地に足が着いたものでなくてはいけないと考えています。実際のところは「小学校英語」，「コミュニケーション英語」，「大学入試への民間試験導入」，そして，これらの動向基盤として学習指導要領があるのですけれども，教室での実践としては，既にそういうものに縛られない地道な努力がなされています。先ほどのことばを使えば「生徒の心に火をつける」ということにつながるような地道な努力が重ねられている。このことに私は強い誇りを覚えます。

小学校英語に関しては，たとえば，『学校給食』という月刊誌で，ごく最近「外国語教育と給食」という特集を組んでいます。[9] その中で，最初にお名前が挙がっている大山万容さんは，後で出てきますけれども，複言語主義ということに造詣が深い，言語教育や文化教育に関わる研究者です。それから3番目に挙がっている藤田恵美子さん。藤田恵美子さんは栄養教育というのでしょうか，給食の実際を取り仕切っている先生です。真ん中にお名前のある北野ゆきさんは小学校の先生です。大山さんと藤田さんのバックアップで大阪府の守口市で行われた北野さんの実践を中心に組まれたのがこの特集です。

どんなことがなされているかというと，図4を見て下さい。

---

[9] 月刊『学校給食』2022年5月号，全国学校給食協会．次頁以降の図4，5は同誌より引用した。

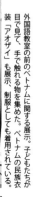

外国語教室の前のベトナムに関する展示。子どもたちが目で見て、手で触れる物を集めた。ベトナムの民族衣装「アオザイ」も展示、制服としても着用されている。

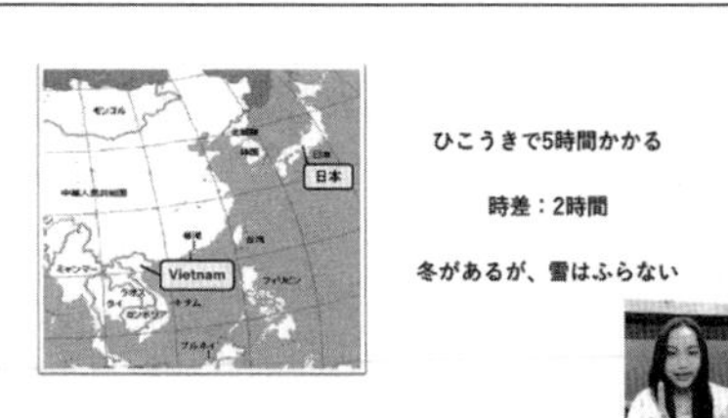

日本
Vietnam
ひこうきで5時間かかる
時差：2時間
冬があるが、雪はふらない

ベトナム人のニュエン・ティ・トゥ・ジャン氏（京都府名誉友好大使・副会長）による紹介動画。自己紹介から始まり、基礎情報としてベトナムの地理と日本との時差、移動距離などを説明。

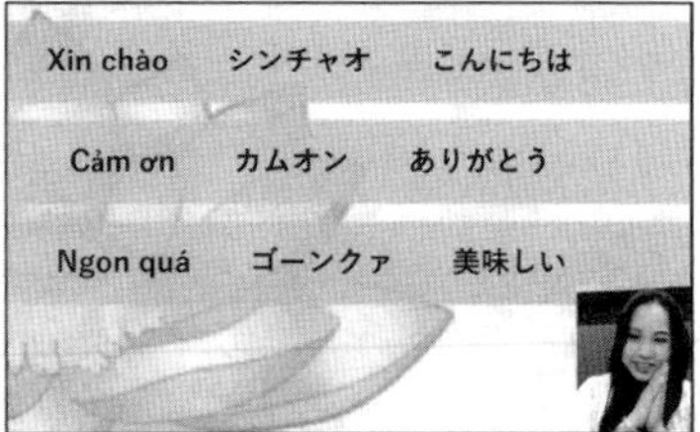

Xin chào　シンチャオ　こんにちは
Cảm ơn　カムオン　ありがとう
Ngon quá　ゴーンクァ　美味しい

あいさつを、ベトナム語の発音で学ぶ。風邪をひいた時にお母さんが作ってくれる「フォーガー」の思い出など、個人的なエピソードも交えて食文化を紹介。

図 4

例えばこれはベトナムですけど，いろいろな国の料理，特に代表的な料理を給食の一部として提供し，それと同時にその国とかその国の文化についての情報を授業の中でも取り上げ，更にいろいろな展示をしたりしています。

具体的な話として，まず，世界の料理を給食で提供します。この辺りは藤田先生が栄養教諭として支えていらっしゃいます。それだけでなく料理とコラボする，言語と文化の学習があります。図 4 はベトナムですけれども，ベトナム語の文字とか単語，場合によっては文の作り方などについて紹介がなされている。と同時に急速に多言語化，多文化化が進行している日本社会ですので，その国にルーツのある協力者を得て紹介動画を作成する。図 5 がその概念図で，北野先生と藤田先生がいて，この 2 人と連携していろいろな関係者がいる。保護者もいる，管理職もいる，研究者もいる。大使館との連携もある。さらに，右のほうではいろいろな組織ですね。教育研究協議会あるいは保健給食課などといった組織ともつながっている，こういうネットワークを形成しているというわけです。

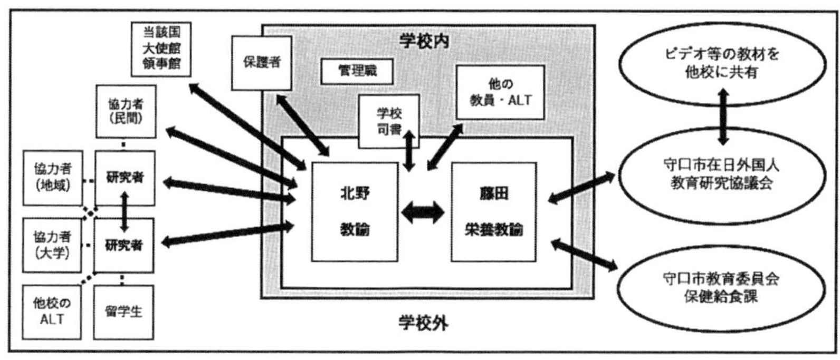

図５

先ほど「複言語主義」ということばを出しました。「複言語主義」，「複文化主義」についてはご存知の方も多いかと思いますけれども，ご存知でない方もいらっしゃるかもしれないので簡単に紹介します。英語では plurilingualism と言います。最初の部分にある plural は複数。「単数，複数」の複数です。それに languages がくっついていますから，「複数の言語」ということになります。最後に，-ism があるので，「複数の言語に関する考え」といったところです。

「複数の言語」ということを言いますと「多言語」という概念を思い浮かべる方も多いかもしれません。しかし「多言語」という概念と「複言語」という概念は別物で，はっきりと区別する必要があります。「複言語」というのは一人一人個人の中に複数の言語が存在するということです。それに対して「多言語」のほうは，これは社会，共同体についての話です。ですから，普通の使い方としては「多言語社会」とか「多言語共同体」という言い方をします。「複言語」の場合はそれとは違って一人一人の中に複数の言語が存在するということです。もちろん，そういう個人がたくさん集まって社会をつくるわけですから，その社会は多言語社会ということに普通はなるわけですけれども，概念の上でははっきりとした違いがあることをしっかり押さえておく必要があるかと思います。つまり，「複言語主義」は「多言語主義（multilingualism）」とは違うんだということをきちんと理解しておく。

もう一つ，「複言語」について大切なことは，一人一人の中に存在している複数の言語がばらばらに存在しているのではなくて有機的に関連づけられているという点です。さらに言えば，言語は文化の基盤を成すものですので，「複言語主義」は「複文化主義」と一体の関係にあります。

「複言語主義」というのはヨーロッパの言語土壌を背景に生まれてきたものですけれども，私は「複言語」という考え方は日本の社会においてもとても重要だと考えます。しかし，日本は言語土壌，文化土壌がヨーロッパとは違いますから，日本型の複言語主義というものを開発する必要があるだろうと考え，図6として示した概念図を使ってここしばらくの間いろいろなものを書いたり話したりしてきました。

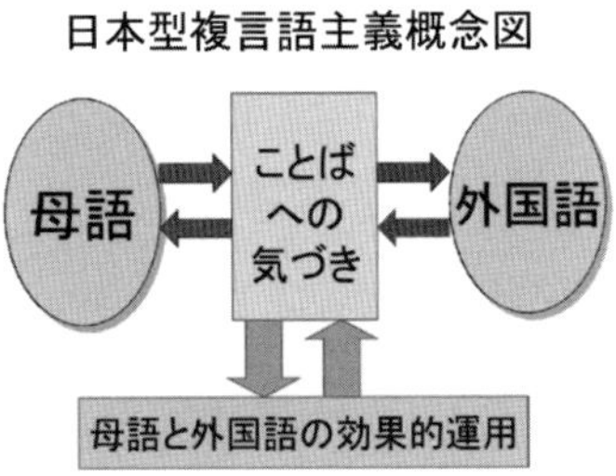

図6

すべての出発点は子どもたちの母語です。母語に対しては直感（intuition）がききますのでそれを出発点にして「ことばへの気づき（metalinguistic awareness）」を豊かに育成する。そうして育成された「ことばへの気づき」を利用して外国語を学ぶ。母語と外国語は異なった体系ではありますけれども，しかし共通した基盤の上に成り立っています。そこで，外国語を学ぶことによって母語と外国語という2つの窓が得られることになり，それは「ことばへの気づき」をさらに一層豊かなものにする。そうしてさらに豊かになった「ことばへの気づき」は母語と外国語を効果的に運用することにつながる。そして，最終的には，例えば，語彙をはじめ表現の拡充という形で母語に跳ね返ってきて循環が形成される。サイクルが形成される。こういう考え方です。

1.3　ことばへの気づき

子どもたちが小さい時からことばへの気づきを自分の中に育み始めているということはいろいろな形で示すことができますが，最近ちょっとした小さい実験といいますか，インタビューをしてそこで見つけたことについてお話ししてみたいと思います。

例 1 は小学校 1 年生相手のものですけれども，「実」って書いてあるのは，実験者で私です。「被」は被験児（実験に参加した子ども）です。しりとりをやるんです。しりとりはご承知のように相手が言ったことばの最後のモーラ[10] を引き継いで新しい単語を出していくというゲームですけれども，原則としてそれは名詞，しかも事物名詞に限られています。実験者がわざとそのルール違反をするんです。

［例 1（以下，例示の際はひらがなのみで表記します）］
実：「あかい」
被：「いか」
実：「かく」
被：「くり」
実：「りんごがたべたい」
被：「いちご」

たとえば，実験者が「赤い（あかい）」と言います。形容詞ですからルール違反です。しかし，この小学校 1 年生は何もなかったかのように「イカ（いか)」と答えます。「イカ（いか)」と来たので，今度は「書く（かく)」という

[10] 平仮名やカタカナの 1 文字に相当する音の単位。

動詞を使って，実験者はまたルール違反をします。それにもかかわらず，被験児は何もなかったかのように「栗（くり）」と答えます。そこで，実験者はもうちょっと踏み込んで「リンゴが食べたい（りんごがたべたい）」と文まで登場させます。もちろんルール違反ですけれども，被験児は「イチゴ（いちご）」って答える。何もなかったかのように答えるんです。

認知の発達も身体の発達と同じように個人差がありますので，1年生がみんなこんな反応をするということではないのですけれども，典型的な反応例です。2年生になると多少違った反応が観察されるようになります。

［例2］
実：「あかい」
被：それはだめだよ。
実：どうして。
被：だって，ものじゃないもん。
実：でも，「ゆめ」のときはなんにもいわなかったじゃない。
被：ぼくがせんせいだよ。

「赤い（あかい）」と言いますと「それは駄目だよ」って応えます。「どうして」って聞くと，この子の場合には「だって，モノじゃないもん」って言う答えが返ってきました。「でも，「夢（ゆめ）」ってさっき言ったけどその時は何も言わなかったじゃない」って言うと「僕が先生だよ」と応じ，「全ては自分が仕切っているんだからあなたはそういう理屈は言わないで」という趣旨のことを言ったりもします。

今度は3年生ですけれども，こんな観察が得られました。

［例3］
実：「あかい」
被：それはだめ。
実：どうして。
被：だって，ものじゃないから。
実：さっき，「ゆめ」っていったときはなにもいわなかったじゃない。

ゆめだって，ものじゃないでしょ。
被：「ゆめをみる」とはいえるけど，「あかいをみる」っていえないもの。

実験者が「赤い（あかい）」って言うと，「それは駄目」。さっきの子と一緒です。それで「どうして」って聞くと「だって，モノじゃないから」って返してきました。そこでまた例2の時と同じように「さっき「ゆめ（夢）」って言った時には何も言わなかったじゃない。夢だってモノじゃないでしょう」って言うとこの子は「「夢を見る」とは言うけれども「赤いを見る」って言えないもの」って言うんです。つまり，そのあとに助詞をつけられるかつけられないかっていうところが違う。そう指摘するのです。もちろん「助詞」というようなことばを使って説明することはしませんけれども，実質そういう内容のことを伝えようとしているのです。

［例4］
実：「きのう　しぶや　で　かった　くつ」
被：ぶんはだめ！

例4の3年生ですけれども「昨日渋谷で買った靴（きのうしぶやでかったくつ）」だなんて文を出すと，そうすると「文は駄目！」と言う。学校で「文」について習っていたので，「文は駄目！」とはっきりと駄目を押されてしまいました。

5年生ぐらいになるとなかなかしゃれたことをやってくる子どもも出てきます。

［例5］
実：「あかい　くつ」
被：「つみき　あそび」
実：「びんの　ふた」
被：「たぬき　の　ながい　しっぽ」
実：うーん。

「赤い靴（あかいくつ）」って言うと負けずに「積木遊び（つみきあそび）」だなんて返してくるんです。これは複合名詞ですから違反ではないかもしれないんですけど。こちらも負けずに「瓶のふた（びんのふた）」だなんていうのを出すと，「タヌキの長い尻尾（たぬきのながいしっぽ）」なんて出してきます。確信犯なんです。実験者が参ってしまって「うーん」と言うしかなくなってしまう。

さっき，1年生の場合（例1）には実験者がルール違反をしても何もなかったかのように事が進むからまだ品詞のこととか，単語と句や文の区別がよく分かってないんじゃないかと思うかもしれませんが，そうではありません。ちょっと原始的なやり方ですが，反応時間を測って見てみるとはっきりします。結果を表1に示しました。1年生の子どもたちAからFまで6人を相手にして，実験者が名詞出したとき，形容詞を出した時，句を出した時，文出した時の反応時間です。やっぱり反応時間が名詞の場合にはとても早いんですけれども，それに比べて形容詞，句，文の場合にはそれなりに時間がかかる。ということは，何か違うっていうことは気づいているという可能性が考えられます。ちなみに，×は被験児が「それはダメだ」と指摘したということです。このEとFの2人ははっきり形容詞，句，文を使うのはダメだと指摘できました。

	A	B	C	D	E	F
名詞	1.3	1.2	1.3	1.1	1.0	1.1
形容詞	2.4	3.7	2.9	1.9	×	×
句	5.4	4.3	5.8	2.2	×	×
文	6.5	5.4	4.3	3.1	×	×

表1　小学1年生のしりとりの反応時間（単位：秒）

残り時間がわずかになってきましたので，できるだけ例を出しておきたいと思います。これも小学生からの例です。だいぶ前に見つけた例なんですけれども。魚屋さんで「きたないからさわっちゃだめ」っていう母親の発言があったというこういう話です。朝日新聞だったと思いますけど，新聞の投稿欄に「近所の魚屋さんに買い物に行ったときのことです。若いおかあさんと 4 歳ぐらいの子どもが魚を選んでいました。すると，子どもが魚の切り身にさわろうとしました。お母さんは大声で「きたないからさわっちゃだめ！」と言いました。それを聞いた魚屋さんはかんかんになって，「きたない魚を売っているというなら，もう買いにこないでくれ」と言いました。お母さんは言い方にももっと気をつけるべきだったと思います。」という投書がありました。

そうしたら数日後に同じ投書欄に小学生がこういう投稿をしてきました。「そのお母さんは子どもに「その魚はきたないからさわっちゃだめ！」というつもりで言ったのではなく，「あなたの手はきたないからさわっちゃだめ！」というつもりだったのではないでしょうか」と。これはどっちがほんとだったかは分かりませんけれども，ことばへの気づきという点でとてもおもしろい例だと思います。

たくさんの先生が私の考えを受け入れてくれていろいろな実践をしてくれました。さきほどは中学生の詩を紹介しましたが，小学生もこんな詩を作ってくれました。これは 5 年生の作品です。

私の進む道
私の目の前にある私の進む道
舗装されていない私の目の前にある私の進む道
他の誰も通ることがなく舗装されていない私の目の前にある私の進む道
人生という他の誰も通ることがなく舗装されていない私の目の前にある
　私の進む道
失敗と成功とごめんねとありがとうの詰まった人生という
　他の誰も通ることがなく舗装されていない私の目の前にある
　私の進む道

図 7

1.4　英語だからこそ

そろそろまとめに入らなくてはいけないかと思います。与えられたのは「英語の教室で何ができるか」というテーマでしたが，ここまでは「ことば」という視点から話をしてきました。しかし，英語だからこそできることっていうこともあるかと思います。

「英語優越主義」に対する気づきです。英語優越主義というのは英語という個別言語は他の言語に比べて優れているという考えを指します。国際的通用度が高いのはそれ故であると捉えたりもします。子どもたちを含め，そういう誤った考えが世の中にはびこっているっていうことを実感し，言語の相対性と多様性をきちんと理解する。そして，子どもたちがそうした考えに陥ることなく，ことばの素晴らしさを感じ取ることを支援する。これこそが英語を通して教室の中でしなくてはいけないことだと私は考えます。

ことばは人間だけに与えられた宝物であり，人間はことばによって高度な思考を実現させることができた。このことを子どもたちが実感することを支援する。さらに，文字を得たことによって文化の継承の可能性が飛躍的に高まったことを理解する。ここにことばの教育の本質があるのではないかと思っています。

こういう考え方からすると，現在の日本の学校英語教育に重要な影響を与えている，「「英語が使える日本人」の育成のための行動計画」，そして，そのもとにある「戦略構想」といったものは，本質的に間違った方向を目指していることになります。本来，多様性の尊重を基盤とすべきグローバル化というものを「英語化」と偏狭に捉え，「英語が使える日本人」の育成のための戦略構想が策定され，行動計画が実施された結果，コミュニケーション志向の学校英語教育が進み，文法や分析的な英文解釈などの学習がおろそかにされるようになってしまいました。

その結果として，一見ペラペラと英語が話せるような若者が増えたかもしれないけれど，きちんとした英語が使える人が増えたわけではありません。同時に，母語の運用も上手にできない若者が増えてしまった。最近では，例えば文章を書くプロである新聞記者の母語の運用能力もかなり衰えてきているように感じます。

「英語の教室で何ができるか」というのが今日のテーマです。ここで，まとめのスライドを見てください。

英語の教室で何ができるか？

- 生徒の心に火をつける
- 思考を支える基盤としての母語の大切さ，ことばの世界の楽しさ・豊かさ・怖さを知る
- ことばに対する関心を育む
- 「コミュニケーション英語」ごときものにうつつを抜かしていてはいけない

図8

英語の教室で何ができるのか。わたくしの答えを端的に言えば，こうなります。「生徒の心に火をつける」ということ。思考を支える基盤としての母語の大切さ，ことばの世界の楽しさ・豊かさ・怖さを知ること。「怖さ」については，今回は話をする時間がありませんでしたけれども，後ほどディスカッションで必要であれば補足をさせていただきます。そして，ことばに対する関心を生み，育むこと。「「コミュニケーション英語」ごときものにうつつを抜かしていてはいけない」というのが今日の話の結論ということになります。

どうもありがとうございました。

2. 今，教室でできること

吉田 研作

大学院博士課程修了（ミシガン大学）。公益財団法人日本英語検定協会会長。上智大学名誉教授。文部科学省「英語教育の在り方に関する有識者会議」座長など，英語教育行政でのご活躍のほか，日本での英語学習者向けのテスト（TEAP）開発，高校など英語教育現場での精力的な教員研修の指導などもよく知られている。『小学校新学習指導要領の展開 平成29年版外国語編』編著（明治図書出版 2017）をはじめ，多くの著書・論文がある。

どうもありがとうございます。ほんとうに久しぶりに大津先生の話を聞かせていただいて，やっぱりすごいなと思います。内容に関しても全く異論はありませんし，そのとおりだと思うんです。ただ，私は今回の学習指導要領の諮問委員会のいろんな会議体の座長をやっていたものですから，その辺に関しては国の1つの方針というか，学習指導要領の基本的な考え方っていう観点からちょっとお話しさせていただきたいと思います。ちなみに私も複言語主義者であって，私の授業ではいろんな外国語を英語で教えてみよう，いろんなことばについての気づきを与えましょうということをずっとやってきましたので，大津先生がおっしゃったことに対して，全然異論を持っているわけではありません。

2.1　学習指導要領

それでは私のスライドでお話しさせていただきます。私の場合は直接今まで文科省の学習指導要領作成などいろんなことに関わってきたので，そういう観点を踏まえながら今教室でできることって何だろうということでお話しさせていただきたいと思います。

最初に，私はもう二十数年前にいろんな学会でお話しさせていただいたフィッシュボール (fishbowl)，金魚鉢とオープン・シーズ・モデル (open seas model) というモデル[11] について簡単に触れたいと思います。

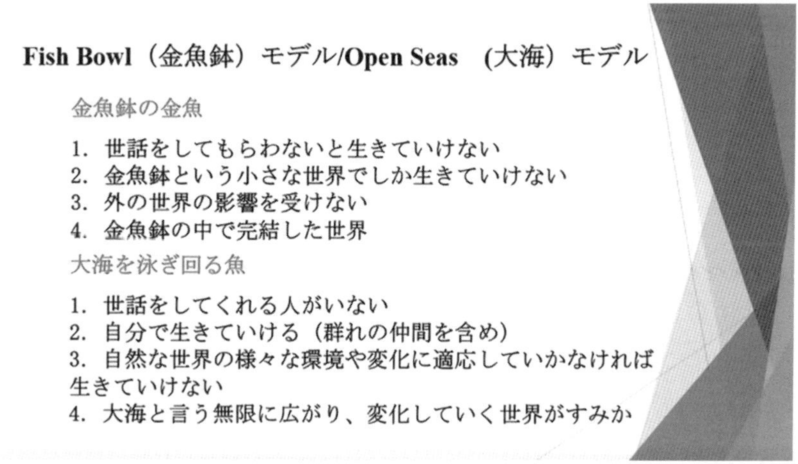

Fish Bowl（金魚鉢）モデル/Open Seas　(大海）モデル

金魚鉢の金魚

1. 世話をしてもらわないと生きていけない
2. 金魚鉢という小さな世界でしか生きていけない
3. 外の世界の影響を受けない
4. 金魚鉢の中で完結した世界

大海を泳ぎ回る魚

1. 世話をしてくれる人がいない
2. 自分で生きていける（群れの仲間を含め）
3. 自然な世界の様々な環境や変化に適応していかなければ生きていけない
4. 大海と言う無限に広がり、変化していく世界がすみか

図 9

金魚鉢の金魚っていうのはその金魚鉢の中でしか生きていけないし，世話をしてもらわなきゃ生きていけないし外に出ることは全くない。長い間日本の英語教育は，大津先生がおっしゃっているような形の内容であれば全く問

[11] Yoshida, Kensaku (2002) “Fish Bowl, Open Seas and the Teaching of English in Japan,” *Language Policy: Lessons from Global Models*, ed. by Steven J. Baker, 194-205, Monterey Institute of International Studies.

題ないし，そういう形で授業をやるっていうことを学習指導要領の観点からも推進していると思うんですけれども，残念ながら昔はそうではなかったんです。非常に限られた文脈の中で英語っていう「言語」を学んできたわけです。

ですから，金魚鉢という完結した世界の中で学んだものがテストなんかでも計られる。そして，それで終わってしまうという時代がずっとあったわけです。しかし，それだけだとそれこそたとえ使える英語を学んだとしても結局自己満足に終わってしまうのではないかということです。もっといろんな所で自分の考えを発表したり自由にいろんな国の人たちと話ができるようになっていかないといけない。そうなってくると大海で泳ぎ回る魚のように自分の力でイニシアチブを取って自律的に英語を学んでいく必要があるのではないか。

実際に自然界では環境もどんどん変化しますし，それに適応していくだけの力が必要になってきます。そういう中でほんとに自分を表現していく，自分の考えというものを人とシェアしていきながら一緒に世界を作っていくという，そういう人材を育成するのが大事だろうということです。そのための英語教育って何だろうということをいろいろ考えてきたわけです。

図 10 は，ベネッセの調査[12] で，私も少し関わったものですけれども，2015 年に出たものです。高等学校の先生方に授業の中でいったいどんな活動をしていますかと聞いたものです。何せ授業ということだったので，教室活動を考えた時に音読をやっているとか発音練習や文法の説明をして，テキストの後ろにある Q&A の回答をやって CD などのリスニングをやって文法問題の練習をやって，教科書のワークをやって，そしてキーセンテンスの暗唱とかそれの活用，つまり，パターン練習のようなことをやっていますと言う回答が非常に多かったわけです。

---

[12] Benesse (2015). 中高生の英語指導に関する実態調査.

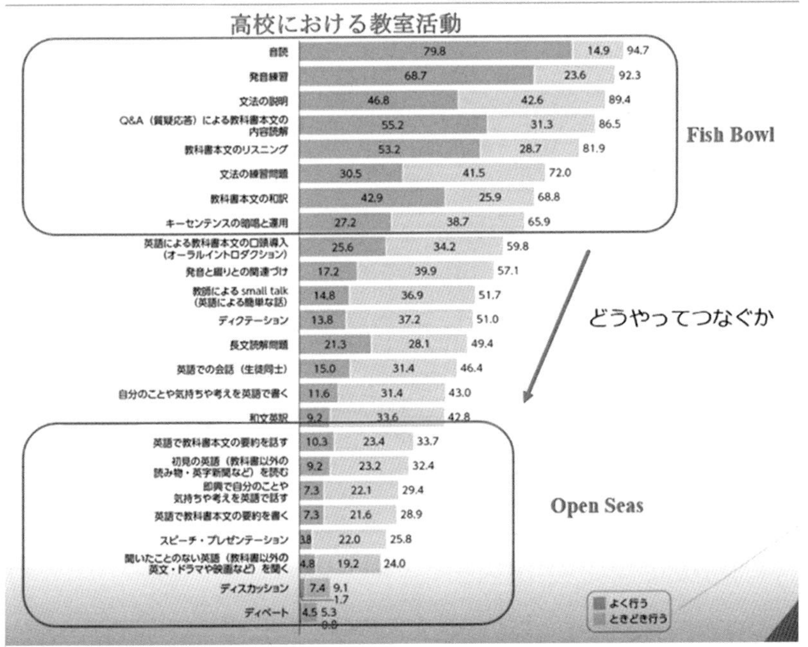

図 10

ここで私が気になったのは何かっていうと，まず，選ばれた活動の中に個性がないことです。一人一人の生徒が，自分が英語を使って何かやろうとしている姿が全く見えなくて，結局先生にこれを覚えなさいとかこれ練習しようと，言われたことをやっているだけ。つまり，フィッシュボールの中での活動でしかないような活動になっていると思うんです。これをどう変えていくかというと，同じ教室の中でもディスカッションだとかディベートだとかスピーチ・プレゼンテーションだとか自分の考えを英語で表現したり，書いたり，新しいものを読んだりそれを解釈したりというそういう —— よりオーセンティックって言ったらいいんですかね —— 自分自身が思っていることを英語で表現したり解釈するというそういう活動をやるべきだというのがポイントなわけです。

こういう活動は，どっちかっていうとオープン・シーズ的なものになるわけです。オープン・シーズそのものではありませんが，そこにつながるものだというふうに考えられる。そうすると今までの考え方をどう変えていくかというと，今までフィッシュボール的に機械的な練習が多かった授業を，より内容のある，生徒自身がコミュニケーションする――コミュニケーションといってもことばの問題だけでなく内容を含めての話ですけれども――授業に変えていくかっていうのがポイントになるだろうと考えるわけです。

今回の学習指導要領を見てみましょう。

従来の考え方というのはどうしてもフィッシュボール的な考え方になります。つまり，演繹的に，まず文法を説明して (Presentation)，そしてその練習をして (Practice)，その後で，それを使ってちょっと会話をしてみる (Production) という形の，いわゆる PPP って言われるやり方です。これでずっと教えられてきたわけです。だから，まず文法が分からなければその次に行けないようなそんな形が長い間続いてきたわけです。

それに対して今回の学習指導要領ではそれではまずいとなったわけです。よりコミュニカティブ (Communicative) なものにしていくためには帰納的な学習に変えていかなければいけないのではないか。それは何かというと，まずはとにかく使ってみようということです。先ほど大津先生がおっしゃったことにつながる大事なことばがノーティシング (Noticing)，気づきだと思います。基本的には，私の申し上げていることと大津先生がおっしゃったこととそんなに大きな違いがあると私は思っていません。まず使ってみて，うまくいかない場合があればそれに気づく。うまくいかないことに気づいて，こういう場合はどう言えばいいんだろう，自分の気持ちをどうやって表現したらいいんだろうっていうことに気づきが行った時に，それに対してこういう表現が適しているのではないかという指導につながります。つまり，ノーティシングがあった時に，そこでその表現なり語彙なりを与えてあげると，なるほど，というアンダースタンディング，知的理解っていうものにつながっていくというわけです。これが SLA[13] の今の考え方だと思うんです。

[13] SLA は，Second Language Acquisition (Research) の略。第二言語習得およびその研究を指す。

このような気づきの機会があるかどうかを考えたときに，日本の環境の中では，まだ教室以外で，英語で――単なるピーチクパーチクではなくて――ほんとに自分の考え方を相手に伝えていくというディスカッションだとかディベートを含めたコミュニケーションをする機会はほとんどないことを考えると，教室という限定されたこの時間だけは確保できるわけですから，この確保できる教室の時間を言語活動，いわゆる自分が思っていることを相手に伝えていく，あるいは相手が言っていることをちゃんと理解していく，そういうコミュニカティブなものに変えていくしかないのではないか。単に，コミュニカティブと言ってもコミュニケーションをとるだけではなくて，コミュニケーションを通して言語を身に付ける方法を工夫する，これをどうやって工夫していけば一番教室を能率的に使えるかということを考える必要があるのです。

2.2　ノーティシング，スキャフォルディング

そこでは，今のノーティシング，気づきということばがやはり一番大事だと私は思っています。1 つの流れとして考えられるのは SLA 研究の進歩です。1980 年代辺りから SLA のこういう表現がどんどん出てきました。インプット仮説[14] もその 1 つです。

インプットっていうのはいろんな形で，その発信源となるのは，先生であったりあるいは書物であったり，メディアであったりします。いろんなものからインプットとして言語が入ってくるわけです。たとえば自分が好きな歌を歌っている時とか，あるいは好きな映画を見ている時に「あれ？何だろう」という疑問を持ったりする。そこにノーティシングが働くわけですけれども，その働く時というのは，単に単語や文の形を見ているのではありません。その形が使われた文脈の中で，「あれ？これどういう意味なんだろう」

[14] Stephen Krashen による仮説。学習者が持つ文法知識よりも少しだけ高度な文法知識を必要とし，かつ，学習者が理解可能なインプットが与えられると，言語習得は自然に無意識に行われるという仮説。なお，SLA 研究では多くの仮説が出されている。

と考えるわけです。つまり，文脈の助け，そういうものがあって初めてほんとに気づきが生まれる。これをうまく活用することが大切なのです。このことはフォーカス・オン・フォーム (focus on form)[15] と言われていますよね。

それで1回フォーカスされて，こういうことなのか，ということが分かれば，それに気づいて，意味と機能と形がつながってくると，ちょっと使ってみたいということになります。そこで出てくるのがアップテイク (uptake)[16] です。その表現を自分で取り入れて，そしてフォースト・アウトプット (forced output) として使ってみる。そして，それを使っていろいろ工夫して練習をしていくわけです。

ここで結構意識的に言語形式，つまり発音とか単語を——ただし，単独でということではなく何らかの文脈の中で——練習をしていく。先生も，そういう形の——いわゆるコミュニカティブって言っていいのかどうか疑問がないわけではありませんが——意味のあるコンテキストを与えてあげながら生徒が気付いた表現を少しずつ身に付けられるようにする。1つの単元が8時間ぐらいあったとしたら，ここのアップテイクとフォースト・アウトプットの部分だけでもたぶん5時間から6時間近く使うんじゃないかと思うんです。

1つの例として，たとえば時制を考えてみましょう。いわゆる be 動詞の時制で過去形というのはちょっと特殊ですが，他に一般動詞の過去形があり，そしてまた特殊な不規則動詞の過去形がある。いろんな形のものがあるわけで，その都度使っているうちに，「あれ？あの時はこれだけど，この時は使えないんだな」と気づきが生まれ，それを使っているうちに，いわゆるスパイラル・ラーニングのように，少しずつ色々な過去形の形に気付いていくことになります。その過程で教師がやることっていうのは，スキャフォルディング (scaffolding) 支援ということばで学習指導要領には書かれていま

---

[15] Doughty, Catherine and Jessica Williams (eds.) (1998) *Focus on Form in Classroom Second Language Acquisition*, Cambridge University Press.

[16] Loewen, Shawn (2004) “Uptake in Incidental Focus on Form in Meaning-Focused ESL Lessons,” *Language Learning*, *54*, 153–158.

すけども，支援が必要なところは支援を与えながら，そこで生徒が必要な表現などを身に付けていけるようにします。その時の 1 つの重要な方法としてよく使われるのがリキャスト（recast）というやり方です。[17]

これは生徒が言ったことが正しい形でないときに，それを「違う」と言うんじゃなくて正しい形で言い直してあげて，正しい形に気付かせるような方法で，生徒に提示してあげる。正しい形を提示してあげるというやり方になるわけです。このスキャフォルディングには，リキャストだけじゃなくて他の方法，例えば，日本語で場合によっては説明しなければいけない場合も当然あるわけです。特に内容が難しいとか複雑であるとか，どうしても生徒が分からないというときには当然それが必要になってくると思います。そのやり方はいろいろあって，実は授業担当の先生から生徒にということだけじゃなくて，ALT のような他の先生が入ってきてその人からのフィードバック，あるいはスキャフォルディングもあれば，ペアやグループ活動などの際にできる生徒ができない生徒に対してすごくうまくスキャフォルディングをやっているケースもあります。

そのようなスキャフォルディングは，リーディング活動の中でもあるしオーラル・コミュニケーション活動の中でも実際に見られるわけです。ですから，いろんな形で生徒が自分で気づき，そしてそれによって身に付けたいと思っているものが身につけば一番いいわけです。

それを考えると，昔の学習指導要領はどうしてもストラクチャー・ベースト（structure-based）の形になっていて，最初の頃は，中学 1 年ではここまでの文法を教えましょう，2 年になったら過去形を教えましょう，3 年になったら何々を教えましょうというふうに，全部，その学年ごとに文法的な，あるいは構造的にどういうものを教えていくかっていうので決められていました。しかし，それをやっていると PPP のやり方から抜け出せない。今回の学習指導要領ではそうではなくて，いわゆる CEFR[18] の考え方を利

[17] 和泉伸一（2009）『「フォーカス・オン・フォーム」を取り入れた新しい英語教育』大修館書店.

[18] Council of Europe (2001) *Common European Framework of References for Languages: Learning, Teaching, Assessment*, Cambridge University Press. 第 4 章の脚注 1 も

用して，Can-do ステートメントの形で何を知っているかではなく何ができるかという観点が取り入れられたのです。

最近出た補遺版 (companion volume) がありますけど，それ以前のものが現在の学習指導要領のベースになっていますので，それを見ると，CEFR の A1 レベルは，英検で言えば大体 3 級ぐらいです。それは，「助けが得られるならば」── これはスキャフォルディング（支援）ですね ── 簡単なやりとりをすることができるレベルです。それからレベルが上がっていくと，「単純で直接的な情報交換に応じることができる」，というふうに，何ができるかというのが人の助けを必要とするものから自分でできることになってきます。そして一番上の C2 に至っては，「自然に流暢かつ正確に自己表現ができる」と書いてありますが，ネイティブ・スピーカーのように，ということばはどこにも書いてない。このような複言語主義 (plurilingual)[19] の考え方は，もともとヨーロッパにあった考え方ですが，私は，それは日本人にも当てはまることで，自信を持って自分のことばで英語で表現することができるようになればいいと思っています。

2.3　話題の広がり

もう一つ今までになかったことについて言うならば，下の図 11 のように，内容が広がるということがあります。例えば身の回りのものについて話ができるようにするっていうところから始まって，次に，自分の，例えば，家族であるとか学校であるとか，あるいは自分の住んでいる小さな町ですね。さらに，自分が住んでいるより大きな，例えば東京という都市であるとか日本という国であるとかということについて表現できるようになる。しかもその中で例えば，ある場所と別の場所の相違点とか類似点だとか，そういうことについても話ができるようになってくる。だんだん話題が広がりを持ってきます。最終的には，私としては，C レベルになってきたら持続可能な社会，

参照してください。

[19] Council of Europe (2005) *Plurilingual Education in Europe*, Council of Europe.

いわゆる SDGs なんかについてもいろんな世界中の国の人たちとグローバルな形でコミュニケーションできるようにしなければいけないんじゃないかと思います。

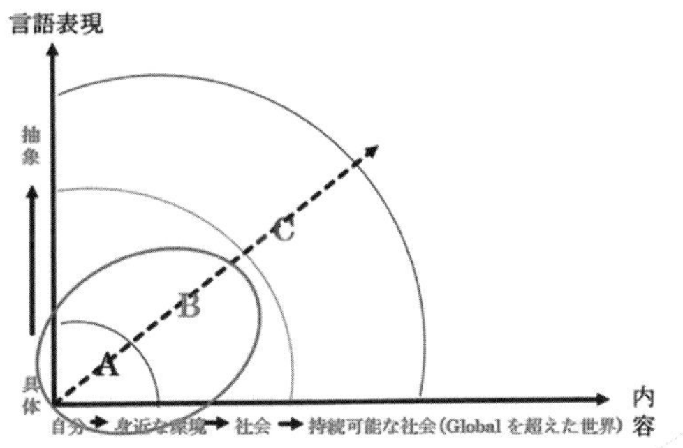

図 11

基本的に日本の学習指導要領では，図 11 の AB 辺りしかまだ目標としていませんが，最近の教科書を見ていると，SDGs 関係の内容はすごく増えてきています。中学校でもそうだし高等学校もそうなので，それはすごく素晴らしい，いいことじゃないかと思います。今回の学習指導要領はよく言われる 3 つの柱に基づいてできているというわけですが，学びに向かう力や人間性，どうやって社会と世界と関わっていくかといったときに，日本人のよく言われる自己肯定感が低いという，自信がないっていう特徴がどうしても出てきて，なかなか外に出て行っていろんな人とコミュニケーションをするということはできていない。だったらどうするのか。

2.4　思考力，判断力，表現力

今までは一生懸命知識，技能ということでとにかく単語を覚え文法を覚えという形で PPP の形で英語が教えられてきた。でも，それだけだと実際に使うという点でなかなかうまくいかなかった。だから，今回文部科学省としては何を知っているかではなく何ができるかのほうが大事なんだということで思考力，判断力，表現力という観点からこの知識を活用することを強調しました。

学習指導要領の基本的考え方

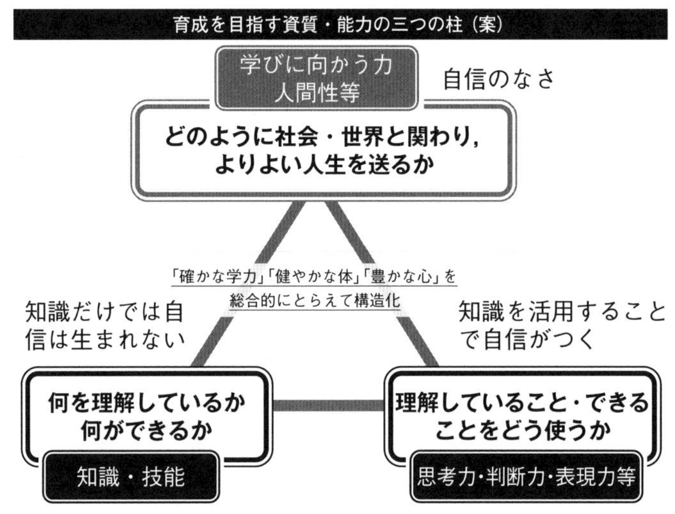

図 12

図 12 に示したように，これでできるようになってくれば，Yes I can. という肯定的な態度っていうんですか，自己肯定感が高くなるのではないかっていう発想があると思います。

そこで今回の学習指導要領の構成ですけれども，形としては最初に目標があって，それから内容があって，内容の中でも最初に出てくるのが知識，技能，2 番目に出てくるのが思考力，判断力，表現力なんです。今回の学習指導要領の作り方からすると，何を知っているかよりも何ができるかのほうが基本的に大切だというふうに言っているわけですから，下の図 13 のように，思考力，判断力，表現力を一番上に持ってきて，これを育てるために必要な知識は何だろう，技能は何だろう。それを具体的にどんな言語活動の中で身に付ければいいのかというこの三角形，こういう書き方のほうが私は分かりやすいと思います。

知識・技能と思考力・判断力・表現力の関係

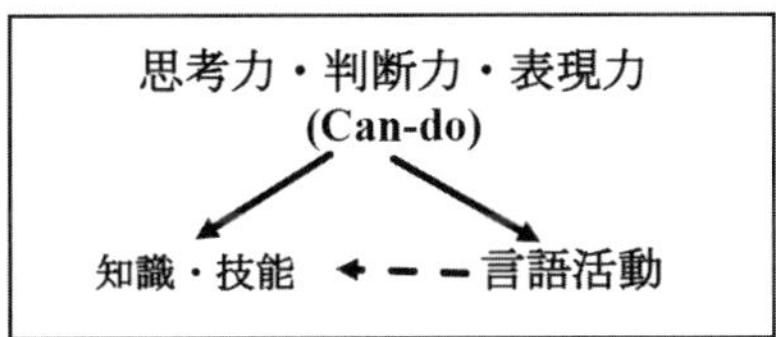

図 13

1 つ，例をお示しします。これは高等学校の話すこと，やりとりのところです。目標として与えられているのが「社会的な話題について，使用する語句や文，対話の展開などにおいて，多くの支援を活用すれば，聞いたり読んだりしたことを基に，基本的な語句や文を用いて，情報や考え，気持ちなどを論理性に注意して話して伝え合うことができるようにする」となっています。これを達成するために，この思考力，判断力，表現力のところに，より具体的な Can-do が載っているんです。

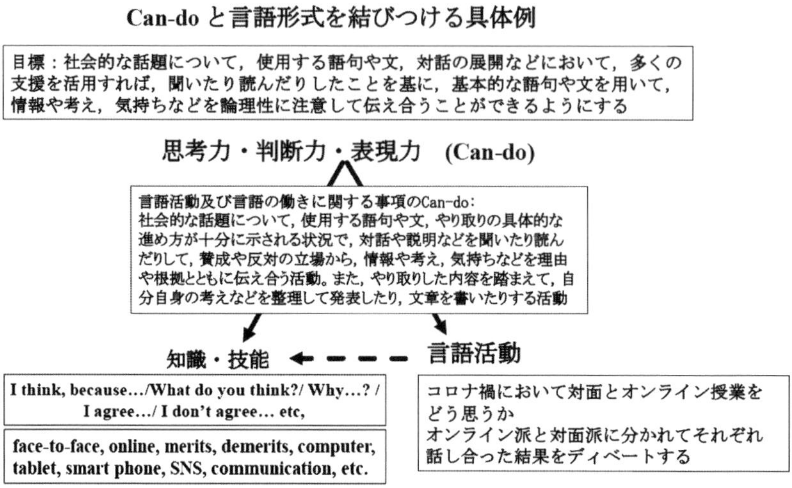

Can-do と言語形式を結びつける具体例

目標：社会的な話題について，使用する語句や文，対話の展開などにおいて，多くの支援を活用すれば，聞いたり読んだりしたことを基に，基本的な語句や文を用いて，情報や考え，気持ちなどを論理性に注意して伝え合うことができるようにする

思考力・判断力・表現力　(Can-do)

言語活動及び言語の働きに関する事項のCan-do： 社会的な話題について，使用する語句や文，やり取りの具体的な進め方が十分に示される状況で，対話や説明などを聞いたり読んだりして，賛成や反対の立場から，情報や考え，気持ちなどを理由や根拠とともに伝え合う活動。また，やり取りした内容を踏まえて，自分自身の考えなどを整理して発表したり，文章を書いたりする活動

知識・技能 ← - - - **言語活動**

知識・技能	言語活動
I think, because.../What do you think?/ Why...? / I agree.../ I don't agree... etc,	コロナ禍において対面とオンライン授業をどう思うか オンライン派と対面派に分かれてそれぞれ話し合った結果をディベートする
face-to-face, online, merits, demerits, computer, tablet, smart phone, SNS, communication, etc.	

図 14

図 14 の真ん中の枠の中の部分は，上の枠の「目標」をより具体的に実現するためのものです。賛成や反対の立場から情報や考え，気持ちなどの理由を根拠とともに伝え合う活動であり，また，やりとりした内容を踏まえて自分自身の考えを整理して発表したり文章を書いたりする活動です。この上にある目標を達成するために，こういう具体的なことをやりましょうというわけです。

では，どんな言語活動を通して，それができるでしょうか。例えば――今はまだコロナが続いていますけども――コロナ禍における対面とオンライン授業をどう思うかを 1 つのテーマにして，オンライン派と対面派に分かれてそれぞれいろんな意見を言い合ったり，ディベートをしたりする。その時に必要な言語知識は何かっていうと，例えば文法的なもの，あるいは表現的なもの，さらに語彙的なもので参考になるもの，そういうものを随時入れることによってこの活動をより円滑にすることになります。これができるようになれば，その上に掲げられている目標に到達できるんじゃないでしょうか。これは教室の中でできる活動です。特にこの言語活動は教室の中でやることになります。

2.5　教員，教室活動，学習者のレベル

文部科学省が実施している教育課程実施状況調査で分かってきているのは，教員の英語力，教室活動と学習者の英語力のレベルに何らかの相関があることです。高等学校などで A2 レベル，大体準 2 級相当の生徒が多い学校は，ICT の活用が多いとか。B2 レベル，あるいは準 1 級以上のスコアを持っている先生の割合が多い学校であるとか，ALT をうまく活用している学校であるとかです。あるいは，パフォーマンス評価をしているとか，授業の半分以上で生徒が英語による言語活動を実際に行っているとか，あるいは教師の発話の半分以上が英語で行われているという，こういう学校で学んでいる生徒の英語力は高いということが示されています。こうやって見てみると，文科省が学習指導要領で言っていることはまんざら間違いではないように思われます。

もう一つ，今のコミュニケーションの話になってくると ── 大津先生がおっしゃっていることともたぶん共通する部分はあると思うんですけど ── 単なる英語の問題と言うよりも，コミュニケーションをする上では自分を出さなければいけないわけです。つまり，決まった表現とみんなが使うのではなく，生徒一人一人自分の表現があるはずだと思います。ということは，単なる英語の正確さ（accuracy）より，自分が言いたいことが言えているかという適切さ（acceptability）のほうが大事ではないかと私自身が考えています。

例えば，教員研修で，先生方に，誕生日プレゼントをもらってお礼を言う時に何て言いますかと聞くと，Thank you. と Thank you very much. 以外ほとんど何も出てきません。実際には，英語で表現したって，日本語の場合と同じように，お礼を言う場合，色々な言い方で自分の気持ちを表すかが大事なわけです。謝ることとか褒めることも同じです。他の機能も全部そうですけれども，いろんな形の表現があります。その中でその場に適切（acceptable）なものは何かを考えていかなければいけない。

できるだけ大海でもきちんと泳げるようになるような生徒を育成できるように，そういう教育をやっていかなければいけない。そのためには何を知っ

ているかではなく，置かれた状況で何ができるかっていうことが重要で，Can-do を重視するということになります。これが今回の学習指導要領のポイントになるわけです。そしてそうなってくると，言語活動がどうしても重要になるので，PPP のような形から入るのではなく，まずは意味から入り，何が言いたいのか，そのためにどういう言語が必要なのか，構造が必要なのか，どういう語彙が必要なのか，というわけです。そうなってくると単純に〈正確な英語〉よりも〈適切な英語〉(acceptability) が大切になってきます。

2.6　大海に出る

現状を見ると，大海に出る日本人というのは育成できつつあるかなと思います。いろんなスピーチ・コンテストとかプレゼンテーション・コンテストで，私も審査員をやらせていただいたりしていますけれども，日本の高校生も結構活躍するようになってきています。上智大学でやっているニッセル杯っていう大会も，フィッシュボールの中の日本人だけが出る大会じゃ意味がないので，日本の学校に通っていればあるいは日本にある学校に通っていれば誰でもいいという大会にしました。日本を一度も出たことがない生徒も，結構上位に入ってきます。ですから，それぐらい自信がついてきているのかなと思います。

もう一つ，今後のことをちょっと最後にお話しさせていただきたいと思います。今後のことなんですが，ベネッセさんが，小学生が就きたい職業トップ 10 というので出されているものを見ると，ゲームクリエイターだとかプログラマーだとかユーチューバーというのが上の方に出てきます。これがいいのかどうか，いろんな問題があるかもしれません。でも，そこで使われていることば，英語は学校で学んでいるものとはちょっと違うかもしれません。

従来のフィッシュボール的な知識，技能を意識的に学ぶというような昔の授業での学習から，よりオープン・シーズ的な体験を通してことばを身に付けるようになってきています。自分にとって何が必要かを考えて，それを身に付けるような方向に向いてきているように思うんです。最近いわゆるゲーミングについてみると，例えば個人でやった場合とか，あるいは少人数でやった場合とか，あるいは誰でも入ってこられるようなゲームであったりします。そういうゲームをやっている子どもたちは──もちろん日本人だけがやっているわけではありません──そういうところで，学校で学んでいる英語プラスアルファの英語が必要になってきます。そのプラスアルファの部分でどれぐらいの英語が身に付くかという研究が少しずつでてきています。

語彙に関しては，当然ながら違った世界のことばが身に付くわけですから，ある程度の広がりは見せているみたいです。しかし，何となくですが，コミュニケーション能力自体はあまり上がってないような気がするんです。ですから，これだけではやっぱり駄目なのかなとは思います。もう一つ，教室自体が徐々にオープン・シーズ化されていると思います。そうなってくると教室っていうことばの意味そのものを再解釈しなければいけない。

以前，若林先生（司会）のご招待で見せていただいた海外の学校との交流ですが，上智大学でも COIL というプロジェクトとしてやっているんです。国内の大学とも連携していますし，アメリカの大学とも連携をして，いわゆるオンラインでお互い授業を共有していく活動を進めています。これがどんどん今広がってきている。となってくると，これだって教室の中じゃないかということになるわけです。これだって外でやっているんじゃなくて教室でやっているんです。

ですから，教室という概念もこれから見なきゃいけないんじゃないかと思います。もちろんみんながみんなここまで行っているわけではないし，これがほんとにそのまま行くのかどうかも分かりません。問題がたくさんあると思います。もう一つ，一歩踏み込むとメタバースのような世界，仮想現実のような世界がある。[20] 宇宙飛行士の星出さんは，宇宙ステーションから戻られた時に，感想として，宇宙に行けば新しい産業だけではなくて新しい思想や文化が生まれるとおっしゃっていました。今はウクライナのいろんな問題がありますけど，宇宙ステーションの中にはロシアの人も含めていろんな人たちがいて，そこで共同でいろんなことを考えたり作ったりコミュニケー

---

[20] メタバースに関しては，第 2 章 2.8（96–97 頁）も参照してください。

ションしているわけです。そういう時代になってきている。メタバースなど仮想現実の世界では，ことばも個人と個人をつなぐものになってきます。今まではMy EnglishであってYour Englishであって，あるいはアメリカの映画を見たらTheir Englishだったわけですけど，自分たちで1つの同じ空間をシェアしながら話をする。となってくるとOur language, Our cultureを自分たちで作っていかなければならない。そのためには個人的なレベルで，自分が思っていることをちゃんと相手に伝える能力を身に付けなければいけないと思うんです。この伝える能力は単なる知識として獲得されるものではなくてダイナミックなコミュニケーションのプロセスの中で獲得されるものだと思います。[21]

最近，特に，ここ半年ぐらいの間に日本でもいろんなことが起こっています。たとえば，東急電鉄とKDDIが渋谷を中心にバーチャル・シティ・コンソーシアムを作っています。日本メタバース協会だとかメタバースジャパンだとか，一般財団法人メタバース推進協議会だとか，あるいは日本デジタル空間経済連盟というような組織が立ち上がって，メタバースの世界の中でのやりとりに対してどういう規制やルールが必要かを議論しているようです。

実際に教育委員会や学校でも実はもうメタバースを使っています。例えば，登校拒否の子どもたちがアバターとしてメタバースの1つの教室に入って，そこで先生とか他の生徒とコミュニケーションをするという，そういうような実験がもう既に始まっているということです。これも一つの教室だと思うんです。このような中で，今後例えば他の国の人たちと一緒になってその空間の中でいろんな意見を出し合うことが必要になってくると思います。今，どんどん，変わりつつあると思います。ということで私の話は終わります。ありがとうございました。

---

[21]「英語はだれのものか」に関しては，第3章も参照してください。

3. 質疑応答・意見交換

3.1 帰納的学習は実現可能か

司会： 大津先生，吉田先生，普段とはちょっと違う話を聞かせていただき，大変ありがとうございました。私のほうでまとめるとちょっと軽くなっちゃうかもしれないんですけど，私のお 2 人のお話から私が考えたのは，要は，自分ですよね。学習者が自分として英語を使うということ。自分がことばを使う，あるいはことばを知るということがキーワードであって，英語の教室は，学習者が英語を教えられて，それを頼りに点数を取りますという世界ではない，ということですよね。

私からも，いろいろ先生方にお聞きしたいことがたくさんあるんですけど，せっかく皆さんに来ていただいているので，皆さんからのご質問やご意見をお受けしたいと思います。発言を希望される方は，マイクをオンにしていただいて，ビデオもできればオンにしていただいて，質問を頂くようにさせていただきたいと思います。

どなたでも結構ですので最初に口火を切っていただければと思いますが，いかがでしょうか。

廣江： 今日は大津先生，吉田先生ありがとうございました。長崎大学の廣江と申します。よろしくお願いします。以前，吉田先生には長崎大学に来ていただきまして，ありがとうございました。吉田先生に質問なんですが。ここ数年で学習指導要領が小学校，中学校，高校と，高校は今年からですけれども大きく変わりました。特に中学校で変わりました。長崎県の中学校の先生方がよく言うのは，何年か前にありました全国学力調査テストの最後の問題のレベル，そういう問題に対応できる力を付ける授業として，今，学習指導要領で言われている，今日，先生がおっしゃったような指導法についてです。例えば，文法事項を 1 つ取ってみても，使いながら学ぶ，学びながら使うっていうようなことをしようとしても，全ての授業でそういうことを行うことはできないんじゃないかと。つまり，教材を見て，どういうところまで持っていこうか，何ができるようになるかということを目標として立てた上で，そういう教え方に合ったレッスンもあれば合わないレッスンもある。結局のところ，帰納的な教え方というのはすごく時間がかかると先生方はおっしゃるんです。その割合を考えると，現実の授業では演繹的になってしまうことが多いんじゃないか。したがって，教室というものを，コミュニカティブな場として位置付けることは非常に厳しいっていう声が先生方から多数上がっているんです。そういうことに関して，先生から何かご示唆等があればお願いいたします。

吉田：ありがとうございます。今日はとにかく教室ということで限定してお話しさせていただきましたけど，例えば，先ほどお話しされたインプットの部分に関して言えば，今はよく反転授業などと言われますけれども，うちである程度練習をしておくとか。何かの形で前もってやりながら，それをある程度前提とした形で授業に持ってくるというそういうような考え方というのがかなりあると思うんですね。

ただ，現実の問題として宿題をやるかというとやらない。私が見ている限り，授業の中で，例えば，ターゲットとなっている表現であるとか，あるいはコミュニケーション状況であるとかを，うまく先生が設定して，その中に必要な表現をいわゆるインプット・フラッド (input flood) のような形で与えていくと，それなりに気づきが生まれていると思います。

だから，全然それが生まれない授業を見ているとインプット・フラッドが少な過ぎる。中学 2 年の授業――先生は私の教え子なんですけれども――の話を紹介します。最初に生徒に対して “I'm going to watch television tonight.” “I'm going to watch ～ show.” “I'm going to watch television from ～ time to ～ time.” っていうふうに I'm going to という表現で 1 つの物語を作って，その上で “What are you going to do?” と聞きながら “I'm going to ～” “So, you are going to ～” という形で続けていく。その内容は，生徒個人のものであって単なることばの練習ではない。そういうインプット・フラッド的なものをうまく利用することによって，ある程度限定された表現に対して，相当な量のノーティシングを促すようなインプットを与えることは可能だと思うし，それをある程度やった上で説明が入ると分かりやすくなる。時間もそんなに取らない。

インプットが足らないとどうしてもさっき先生がおっしゃったことは起こる気はします。本来ならば，その前にちゃんとインプットとして必要なものに関しての練習はしてもらうのが一番いいと思います。

司会：ありがとうございます。廣江先生，どうもありがとうございました。今の点は，私も聞きたかった点でもあったんです。帰納的な学習が起こるようにもっていくべきだという話なんですけど，帰納的な学習って本当に起こるのかという問題があります。限られた時間しかない中で生徒たちに英語を与えて，学習者に気づきが起きて，学習が起こるかというのは本当ですかという話です。

この部分は大津先生が最初に言われた，子どもたちは教えられるのは嫌いと言う話と近い部分があるんでしょうね。やりたいと思ったら生徒たちはやるんだけど，宿題だっていう形で出されてもやらないというところもあると思うんです。分かったらうれしいからやるけれども，分からないことを自分で見つけろと言われても無理だというところもあるとも思うんです。

大津先生にも同じような質問をさせていただいていいですか。英語を使うことによって学んでいくことが重要だって吉田先生はおっしゃったと思いますが，この点について，大津先生にコメントを頂ければと思いますけど，いかがでしょうか。

3.2　母語の活用

大津：今日の話をお聞きして，吉田さんと私の根本的な違いって，外国語である英語の学習に母語をどの程度積極的に活用するかしないかってところだと思いました。私はせっかく母語っていう外国語の学習に活用出来る基盤が子どもたちの中に備わっていながら，それを活用しないという理由が分からない。それから，先ほど廣江さんがおっしゃったことと関係すると思うんだけど，いずれにしたって英語が使えるようになるためには英語の知識が形成されないと困るわけですよね。それを帰納的にって言ってもとても難しい。どんなに教室での英語使用の範囲を広めても，外国語環境の中で達成するっていうのは――不可能とは言わないけれども，しかし――とても大変なことです。せっかく子どもたちの頭の中にある母語っていう資源を活用して英語の知識を形成するっていうのがどう考えたって理にかなっているって思うんだけど，その辺りは，吉田さんは違うんですか。

吉田： いえ，先生と変わりません。Scaffolding（支援）ってさっき話しましたけど，Scaffolding（支援）の中に日本語って入ってくるんですよね。

大津： そうですよね。

吉田： 基本的にどうしてもやっぱりここのところは日本語がないと無理だって思ったら当然日本語を使いますよね。ですから，私として別に日本語を使うなっていうことは全く言わないし，逆に必要な時には入れたほうがいいっていう発想です。

3.3 スパイラル・ラーニング

大津： たぶん吉田さんとすごく意見が合うところっていうのは，さっきスパイラル・ラーニングっていうのがあったでしょう。あのスパイラルっていうところはまさに私そのとおりだと思うんですよね。私にとって「スパイラル」の出発点っていうのは，理屈。理屈を身につけたところでそれを実際に使ってみる。使ってみると理屈に合わないところも出てくる。そこで理屈のところに戻っていって，さらに学習が深化していくっていうようなことを考えています。英語の学習には，要するに，理科の学習の部分とそれから体育の部分とあるわけじゃないですか。その両方がかみあわなかったら駄目で。私が言うと体育の部分はどうでもいいように言っているって誤解されるんだけど，そうじゃなくて。もちろん体育はすごく大切なんだけど，それをするためにはまず理科の勉強からしていきましょうっていうことを言っているのです。たぶんそれは研作さんも賛成してくれるんじゃないかなと。

吉田：基本的に同じ考えです。行き来しながらだんだん深めていって，最終的に知識として定着しないと使えないですから。

大津：そうそう。

3.4　何で英語やるの？

司会：すみません，ちょっとそこのところで私がいつも引っ掛かるところがあるんです。何で英語を使わなきゃいけないのかっていうことです。何で英語をやらなきゃいけないのかっていうのを考えてみると，それを超えたところに，やったら面白いっていうことがあれば，やるはずだと思うんです。最初の大津先生のお話にもあったかもしれませんし，僕が普段から思っていることなので，大津先生のお話をちょっと誤解して聞いているかもしれませんけれども。

今の英語教育は，結局のところはルールを覚えて点数を取っていくっていうような感じの英語教育になっている。廣江先生のお話からも推察できることですけど，中学や高校では，やらないといけないことが決まっていてそれをこなしているっていうところがあって，先生たちは，それをこなさなきゃいけないっていうプレッシャーの中で英語を教えているっていうこともある。これが根本的な問題かもしれません。

やらなきゃいけない内容がある。使える英語ということは別に，そういうものがある。英語としてやらなきゃいけない内容と，英語を使うということの関係を見直していかなきゃいけないっていうか。

『なんで英語やるの』っていう昔の本の題名[22] に戻ってしまいますけども，何で英語をやるのっていうことが問題ではないかと思います。

---

[22] 中津燎子 (1978)『なんで英語やるの？』文春文庫.

たとえば，大津先生がおっしゃったような表現した形。子どもたちが表現した形でとても美しいとか，あるいはことばに対する尊敬とかそういうことが生まれてくるような経験をしているとか。あるいは吉田先生がおっしゃったような，実際に Scaffolding を受けながら自力で学んでいく。使っていく実体験，学習するっていうことの成就感とか快感とか，そういうことってあると思うんです。そこが非常に軽視されているというか，根本的に英語ができる日本人とかそういうことを言っている分には軽視されているように思うんです。

つまり，何で英語をやるっていう問題，英語の教室って何っていう話をするときは，やっぱり英語をやったら楽しいっていうのが根本的にないといけないと思うんです。できるようになるとかそういうこともちろんあるんだけど，根本は，教室自体を楽しいと思ってほしい。さらに，やっているうちにできるようになって，もっとやりたいと思ってほしい。学校っていう場所には，そういう感覚があると思うんですけど。その辺について，一言頂けるとありがたいのですが。いかがでしょうか。吉田先生よろしいですか。

吉田：はい。おっしゃるとおりです。ただ，大津先生がおっしゃっているような形，例えば詩にしても素晴らしいですよね。ああいうもので自分に自信ができるとか，英語を使っていろんなものを表現できる。あるいは私が言っているようなディスカッション，ディベートだとかのようなコミュニカティブなアクティビティの中で，自分がほんとに思っていることに対して相手がなるほどと言ってくれるとか。なるほど，そういうことなのか。分かったって言ってもらえるっていうこと。これによって達成感であり，喜びであり，やっていて良かった面白いなっていう気持ちって生まれるものですよね。

ただ，最初からそれがあるかどうかってなかなか難しい。そこのところはだからこそ逆に言うとゲーム的要素から入るのかもしれないんですけども。ただ，最終的にはやっぱりそういう喜びっていうものを味わえるからこそやる気が生まれるんじゃないでしょうか。

司会：ありがとうございます。大津先生いかがでしょうか。

大津：そうだと思いますよ。楽しいっていうか，やっていてうれしいっていう気持ちがなかったら駄目で。その時に私はいつも母語が出てくるわけです。たとえば「勤勉な日本人」っていったときに2通り解釈ができますよね。制限的な解釈と非制限的な解釈。それは日本語だけしか知らないとなかなか気づきにくいんだけれども，でも，英語をやって関係節習いました。その時に制限的な用法と非制限的な用法がありますっていう説明聞いたときに，《ああ，これだったんだ！》って気がつくとか。

それからもうちょっと簡単な例だったら，英語だと，a book に対して two books って -s が付く。複数形があって，英語では単数と複数を表面上も区別する。日本語だって区別できないことはないんだけど，でも普通はしないですよね。区別する方法の一つとして「たち」っていうのがある。だけど，例えば「ライオンたち」っていったときにそれは必ずしも lions に対応するとは限らない。その違いに気がつくっていうのは子どもたちにとてもおもしろい体験なんですね。私がとても気に入っているのは，「lions っていうのと「ライオンたち」っていうのはどこが違うの」って聞くと，「同じだよね」「違いなんてないよ」って言っているんだけど，「桃太郎さんたち」っていうのを出して「桃太郎さん，何人いるの」って話すると，子どもたちが「あー」って声出すんですよね。

そういう気づきがあると，なるほど，英語っていう，母語以外の言語を学ぶっていうことはおもしろいんだ，楽しいんだって。もちろん，そういうのがみんなが好きってわけじゃないけども，そこは手を替え品を替えいろんなことをやっていくと《おもしろい！》って感じる子どもが増えていきます。

司会：ありがとうございます。おっしゃるとおりだと思いますけど，大津先生がおっしゃったようにみんなそこが好きっていうわけとは限らないというのもあると思います。今のお話で思うのは，やっぱ英語じゃないとできないことって日本語だとできないこと。やっぱり英語だと，例えば英語は台湾の人とか中国の人とも話せるとか。あるいは英語で書いてある本が分かるとか。あるいは英語で調べたら何か全然日本語とは違うものが出てきたとか，そういう時にはやっぱり使って面白かったとか。

あるいは日本語だったら表現が変わらないもの。例えば，完了形と過去形みたいな時にやっぱり現在完了形を使う必然性がここにあるみたいなことが分かった時に面白い。けど，それを実際に使ってみた時には通じるかっていったら別にあんまり違いなく通じますよね，実際のところは。だけど，それは別のレベルで通じたということがうれしいっていうか。そういうような体験を。

英語母語話者の教員（ALT）がいますから，英語を使うのが自然だという環境もできていると思うんですけど，今はインターネットを使った交流もできるようになってきています。そこら辺の経験をさせてあげられるようなことも考えていけばメタ的な力も，それからいろんな文型を学んでいくというような力にも関係してくるのかなということを思いました。吉田先生の教室が広がるっていう最後の話に関係あると思いました。

3.5　気づき，多言語教育，機械翻訳

冨田：先ほどお2人のお話を聞いていて違うところと類似するところが面白いなと思って伺っていました。1つはノーティシングっていう概念と，それから大津先生がよくおっしゃる，気付くっていう概念。何でそれが必要なのかっていうことを考えると，たぶんそれが学習者に学びたいという意欲をもたらすんじゃないかというふうに恐らくお2人ともお考えなんじゃないかというふうに思いました。これは例えば，他の類似したことばではアウェアネス（awareness）と呼ぶこともあると思いますけれども。要するに，気付くっていうことは何か新しいことを学ぶためのエネルギーを与えてくれる可能性がある。何か新しいことを「面白いな」って思うような瞬間を与えることが教室ではとても重要なんだっていうふうにあらためて思いました。そこで，特に大津先生にお伺いしたいんですけど，先生は「母語」と「英語」つまり（学習者にとっての）対象言語を，比較対象することの重要性を強調されるのですが，ヨーロッパの場合ですと，そうした言語間の相違性と共通性を比較対照することの重要性が，トライリンガル政策と呼ばれる「3つ（以上の）言語」を学ぶことに意義が主張される際に用いられることがある

と思います。つまり，例えばフランス語の話者であれば英語とドイツ語を学ぶことによってはじめていわゆる言語のそれぞれの持っている価値を，客観的に認識できるはずだと。つまり，そのような形で，「3つ以上を比較することがないと良くない」という考え方があります。

僕は，日本ってそれがすごくおかしくなっていて，英語という外国語だけが外国語だといった認識が非常に強くなってしまっていて，問題だなと思っています。その意味で，大津先生のお話の最初のところで，「多言語教育」を小学校でやっていらっしゃるところがあるということはとても素晴らしいことだと思いました。例えばですが，今はウクライナの問題が起こっています。ウクライナの人たちが日本に来た時に日本語が通じないということで大騒ぎしていて，「何とかしなきゃ」と言って，いろいろなサポートをしようとしているんですが，ああした場面というのは，まだ若い年齢の小学生にとっては，非常に意味のある「異言語」「異文化」をもつ人々との出会いの場であり，学びの場だと思うんです。

例えば「ウクライナ語ってどんな言語なんだろう」といった素朴な疑問をもつ場面を活用すれば，小学校教育の場面で，非常に重要な学びの場，それこそ大切な気づきの場を提供することがあると思いますね。例えば，英語には「a」があったり「the」があったりするけど，ウクライナ語って冠詞ないの？そんなことに気づく場が少しでもあれば，その気づきが，その時の気づきの面白さが，さらにその言語や文化への興味を膨らませてくれる可能性があるんじゃないかと思うんですね。それはまさに「多言語教育」であって，2つの言語のみを比較対象する「バイリンガル教育」とは異なると思います。大津先生は，そうした（3つ以上の）「多言語教育」による「ヨーロッパ型の気づき」ということについては，どのようにお考えになるのか知りたいところです。一つの外国語と母語だけに接するのでは，そうしたヨーロッパ型の言語的気づきを学習者に与えると点では，不足しているんじゃないかと思っているんですけれども。

大津：それはそのとおりです。2つじゃなくて3つ以上あったら平面が形成できますからその点では理念的にはそのとおりなんですけど。ただ，ヨーロッパと違った言語土壌の中で，日本でそれをやるっていうのはとても難しくて。

実際，小学校英語っていうのが入ってきた時にそれを受け入れないで多言語教育っていう形で実現させようとした学校があって，そこの授業は何度も見せてもらったし，先生と意見交換もしました。とても意識の高い先生たちだったし，子どもたちもそれによく反応してはいたんだけど，やっぱり実際にやっていくのは難しいんです。多言語っていったときに，先生方が知らない言語を題材にして授業を進めていくっていうのがとても大変です。定番は1月から12月まで月の名前についていろんな言語でどう言うかを見ていくことを出発点にする授業でした。そこで子どもたちはいろんな規則性に気づきます。その授業はとても楽しく，子どもたちの反応もいいんだけど，いつもそれだけになってしまうっていう難点がある。だから，この問題を乗り越える方法を考える必要が出てくる。

翻訳機があるでしょう。あれを利用するっていうのはありだと私は思っています。それこそウクライナ語でも，ベトナム語でも，日本語でも，英語でも，入れればそれに対応する翻訳がすぐに得られる。しかも，結構，信頼できる。

冨田：ありがとうございます。その方向性は今後どんどん重要になると思います。それこそ Poketalk を使ってやればもっと広がるんじゃないかなっていうふうに思います。ありがとうございました。

3.6　意欲の評価，行動の評価

司会：チャットで質問が来ています。読み上げさせていただきます。思考と判断の機会を授業内で創発し，生徒が主体的に学ぶ教室をつくりたいと日々中学校で奮闘しています。スパイラルに多彩に，言語という海に出て行く子どもたちですが，入試や評定，評価を含め出口の所を避けては通れない現場の現実があります。生徒が言語への気づきを持った，生徒が意欲的に学んでいるという部分をどう評価すればよいかご助言や留意点があれば伺いたいです。大津先生，吉田先生，共にお伺いしたいというご質問が来ております。よろしくお願いします。

大津：私から先に言わせていただくと，ことばへの気づきっていうのをどう評価するかっていうところは確かに簡単な問題ではありません。でも，先ほどから幾つか挙げた例を見ていただければ分かるように，子どもたちが気づきをきっかけにことばに対する関心を持ち始めたかどうかってことは外からもある程度観察できます。その辺りをきっかけに評価ってことにつなげていったらいいんじゃないかなと思っています。

それでちょっとこの質問を利用して（吉田）研作さんにも併せて質問しておきたいんだけど，Can-do っていうのは「何々できる」ってことで行動ですよね。だから，見えないところは考慮されないと私は思っているんだけど，まずその考えが間違っているのかどうか。もし間違ってないんだとしたら評価って行動だけでいいんでしょうかっていう。この質問に対する答えの後でいいですからちょっと教えて。

吉田：ありがとうございます。意欲とかそういうものはどうやって評価するかは非常に難しいと思うんですよね。今の学習指導要領を見る限り，例えば意欲だとかそういうものに関しては観察記録。観察をすることによって，今，大津先生がおっしゃったこととも共通するわけですけれども，目に見えるものしか評価できないんですよね。見えないところっていうのはなかなか評価できない。でも，逆に言うとさっき大津先生が出されたいろんな例の中で，生徒たちを授業で見ていて分からない場合でも，生徒たちが書いたものが出てきてこんなこと考えているなとか，こんな子なんだっていうことが分かってくると評価って変わるんですよね。

授業内におけるオーラル的なコミュニケーションだけではコミュニケーションが苦手な子がいるんです。そういう子っていうのはなかなか評価してあげられないので，例えば，自分の感想を書いてもらったりとか自分でそれについて思ったことを書いてもらったりとかをベースにして評価する。場合によっては日本語でも構わないと思う。全然，それに関しては，日本語で構いません。だって，意欲なんだから，英語で表す必要はないわけですよね。

そういうことをして，この子がちゃんと分かってたとか，すごく面白いことを考えているなっていうことを含めた形で評価をするというのは僕は大事だと思うんです。非常に大切な部分だと思うんです。

もう一つは，Can-do っていうのは先生が「あんたできるね」って言っているんじゃなくて生徒が自分でできているかどうかを自分で決めることです。生徒自身が「僕こういうことできるようになりました」と。ひょっとすると授業の中でほんとにちょっとしか喋らない子でも，自分の中で今日はこういうことを言えるようになったとか，自分で今日はこういう話を聞いて理解できるようになったっていうことがあったら，それもさっき言ったようないわゆる振り返りのところに書いてもらうことによってそれを評価してあげるということです。個人が，自分が思っていることをどう評価するかというのは，僕は一番大事だと思うんです。大津先生がおっしゃるとおり外で見たものだけでは無理だと思います。

大津：いま吉田さんに言っていただいたんで，私の理解もそんなに違ってないっていうことが分かりました。ACTFL[23] が Can-do についてのドキュメントを作った時に，最初の版だと Can-do Statements for Progress Indicators for Learners ってなっているんです。だから，学習者にとっていま自分はどの程度まで学びが進んできたかっていうことが自分で判断できるように，というものです。そのためには頭の中でこんなことが起こったっていうんじゃなくて，こういうことができるようになったっていう行動でその基準を示すべきだ。そういう話です。先生が学習者の評価をするために作られたものではないんだっていう認識なのですが，そこはそれでいいんですよね。

吉田：それでいいんです。だから，評価の基準のところにどうしても知識，技能のところと思考力，判断力，表現力のところ，それから今のモチベーション的な部分っていうのが分かれていますよね。そのところで思考力，判断力，表現力っていうのは，例えばディスカッションやらせた時にちゃんとやっているかとかディベートをやっているかとかっていう，これはある程度

---

[23] 全米外国語教育協会。

見えるものだと思うんだけど，最後の意欲だとかモチベーションっていうのは見えないので。今おっしゃったとおりで個人が自分で評価する。私は必ずこれを言う時に生徒自身ができたかどうかっていう判断をさせる，それをどうやってちゃんと評価の中に入れてあげるかっていうのはものすごく大事だといつも言っているんです。

司会：昔から日本では，東後勝明先生とかがコミュニカティブ・アプローチと一生懸命言ってたんですけど，コミュニカティブ・アプローチで教えて，どうやって本当に，生徒たちはそれはうまくできた，とか，こちらはできませんでしたねっていうようなことを評価したり，ここをもう少しうまくしたらもっとうまくいくよねとか，あるいはやりたいっていう気持ちがどれくらいさらに湧いてきたかとかを見るのは難しい。実際にどう評価するかは，難しいですよね。

3.7　他教科との違い

柴田：すみません。ちょっとこれはテーマからずれるかもしれないんですけど，私が日頃思っているのはなぜ英語の授業だけでそんなに活発になれと求められるかっていうことで，それが非常に不思議です。[24] 中学，高校って，私は，学校現場をよく知らないっていうのもあるんですけど，他の教科では割と，Knowledge transmission みたいなところがあって，先生の話を聞いて知識を付けていくっていうイメージなんです。そうすると，先生の話を聞いてよねっていうスタンスなんですけど，英語の授業になるといきなりコミュニケーションしましょうっていうこの差がある限り，生徒はどうそこを捉えているんだろうなということです。そこのギャップがある限り英語だけではなく言語でコミュニケーションをするっていうところは伸びないんじゃないかな。ある意味，気付かないと言ってもいいかもしれません。その重要性に対する気づきがないんじゃないかというふうに最近特にそれを考えるよ

[24] この話題については，第 3 章でも大いに議論されるので，そちらも参照してください。

うになったんですけれども。大津先生と吉田先生にもしご意見伺えれば幸いです。お願いします。

吉田：学習指導要領の観点から簡単にお話しさせていただきますと，学習指導要領では全ての科目において思考力，判断力，表現力を中心にやりなさいと書いてあるんです。ですから，国語の中学校の学習指導要領を見ると，英語の高等学校の学習指導要領の項目，書かれている目標とほとんど変わらないです。ディスカッションのことが書いてある，ディベートのことが書いてある，自分が思っていることをちゃんと表現することが書いてあったりします。全部書いてあるんです。

他の教科においても調べたものに関して発表するとか，それについてお互いに意見を言うとか，それを書いて発表するとか全部書いてあります。問題は英語だけではないはずなのに何となく現場では英語だけのように思われているようです。確かに学校見学すると一番外から見ていると英語の授業がにぎやかで，他の教科は比較的静かかなっていうのはあるにはあると思うんですが，他の教科も全部一応求められてはいます。大津先生，お願いします。

大津：私も全く同じ考えです。私が見聞きしているのはとても限られているから，一般的じゃないのかもしれないけど。例えば私自身が生徒であった時代と比べて，単に授業の中で先生から一定の知識を伝達する授業形態っていうのは変わりつつある。学校によってはかなり変わってきたと思います。

ただ，それがほんとに地に足が着いたものになっているかどうかというと疑問です。さっきディベートっていう話が出てきたんだけれど，ディベートのやり方についてテクニカルなことを学ぶっていうことも必要だと思うけれども，その前にまずパブリック・スピーキング（人前で話す）っていうことの基本を学ぶことが大切なんです。ディベートそのものについての一番の基本は stock issues ということを理解することだと思うんですよね。そういう練習をきちんとやった上で次のフェーズに移っていかなきゃいけない。そこのところがまだきちんとなされてないんじゃないだろうかって思っています。

柴田：ありがとうございました。

3.8　再び評価

冨田：先ほど評価の点が出たので，ちょっと誤解が生じるといけないと思うので確認させてください。例えば，吉田先生は先ほど評価の基本になるもの，CEFR の指標をお出しになったんですが，これはヨーロッパ協議会のほうでは，あの A〜C の評価指標だけが一人歩きして「CEFR＝評価基準だ」としてとらえることには否定的な立場に立っていると理解しています。もちろん，評価することが駄目だと言っているわけではなく，多様な違う形式による評価を取り入れることが重要だと言っていると理解したほうが良いと思います。例えばインターカルチュアル・コミュニカティブ・コンピテンスに関する評価をしようとする場合には，あの指標だけでは，とうてい不可能なわけですから。例えば文化的知識や態度といった要素も含めた評価を，様々な形で行う必要があることを，CEFR は示しています。ところが，そのことが日本ではあまり理解されていないし，重視もされていない点が大きな問題だと思っています。

日本で CEFR が取り上げられた時には，あの A〜C の評価基準があまりにも大きく取り上げられてしまった結果，その評価基準の斬新さだけが注目されて，一人歩きしてしまい，結果として，いわゆる行動主義的な評価だけが浮き出ている感じがしますね。先ほどのご質問はそれにすごくリンクしていて。例えば，学習者の外国語の能力を，どうやって評価するのかっていうことについては，現在のような「偏った CEFR の理解に基づく評価方法」だけに基づいていたのでは，かなり偏った「言語能力」の測定だけをすることになってしまうので問題だと思います。

例えば「発表活動」とか，先ほどから取り上げられている「気づきに結びつく活動」といった学習者の多様な学びにも注目して評価をしていくべきだと思います。そのためには，「エッセイ」等の成果物を対象にした評価方法や，「ディスカッション」等を評価するための方法論等を，もっともっと開発する必要があると思うのですが，まだまだそうした評価方法の開発は，ほとんど手つかずだと言わざるを得ないですよね。

ところが，先ほどの繰り返しになってしまいますが，文部科学省の方針が，A～C の評価基準のみを用いた「行動主義に基づく言語力評価」の部分だけに，強い関心を示したために，現場の先生方の関心もそちらにだけ向いてしまった傾向がある点は，とても残念なことだと思います。たとえば「気づき」といった重要な学習プロセスを，どうやったら評価の中にとりこめるのかといったことも，ほとんど行われていませんね。そういう重要な評価活動がセットできないような状況になっている。この矛盾がたぶん現場の先生たちを苦しめている理由の一つではないかと僕は理解しているんですけど，その点についてはどのようにお考えですか。

吉田：今おっしゃったことはそのとおりです。先ほど私がお話ししたように生徒自身が思っていることを生徒が発表しているものとか，書いたものをちゃんと評価してあげないといけません。単なる表面的な 1 回のテストとかそういうもので評価することはできないわけですよね。よく言われるポートフォリオ的な形での評価っていうのが以前からありますけど，日本ではなかなか広がりません。ですから，そういうポートフォリオ的なものでほんとに生徒自身がいろんな側面でこんなことをやってきているっていうものを総合的に評価するようなやり方，これが私は絶対必要だと思います。

今，先生がおっしゃったとおりで，一応，文科省のほうから評価についての文献も出ているんですけど，ちょっと偏っているように私も感じます。さっき言ったように，少なくとも生徒自身の気持ち，生徒自身ができたと思っているか，楽しいと思っているか，こんなことができたと言っているものに関しても，ちゃんと評価に入れてあげなきゃいけないんじゃないかっていうふうに思います。

冨田：先ほどのチャットへの質問に対する答えになるかどうか分からないけれども，今，吉田先生がおっしゃった Council of Europe が示している提案のランゲージ・ポートフォリオ（Language Portfolio）っていう考え方がありますが，その中身をよく分析して参考にしていただけるとその質問に対する改善策が見えてくるんじゃないかと思います。

例えばですが，小学校などで１つのディスカッション活動を行った場合などでは，その時の議論に関する絵を描いたとしましょう。そうすれば，その絵をポートフォリオの中に挟み込んでいくといった方法も可能なのではないでしょうか。そうした多様な評価を行うことによって，その時の感情や感じたことや気づいたことを拾い上げることができるポートフォリオができるのではないかと思います。今後，小学校では特にそうだと思うのですけど，今申し上げたような多様な評価方法をもっと重視して考える必要があると思います。

吉田：全くその通りだと思います。

司会：ありがとうございました。話の途中で申し訳ないんですけれども，時間がまいりましたので，ここで終了とさせていただきます。

第 2 章

尾島司郎・中川右也

「英語の教室で何ができるか」の第 2 回には，英語教育学の専門家のお二人にご登壇いただきます。お二人は教員養成を行う学部の教授・准教授であり，同時に，地域社会や産業界とのつながりでもご活躍なさっています。研究という点では，尾島先生は，言語学や脳科学から人間のこころや認知のメカニズムを解き明かす研究をなさっており，一方，中川先生は，認知言語学に基づく第二言語習得研究や ICT を用いた英語教育の研究をなさっています。教育界の中堅でエネルギー溢れるお二人から，「英語の教室で何ができるか」について，興味深いお話を聞かせていただけることと存じます。

1. 心，人，社会をつなぐ英語授業

尾島 司郎

Ph.D.（エセックス大学）。横浜国立大学教育学部教授。[1] 横浜国立大学ベストティーチャー賞受賞（2020年）。脳科学に基づく第二言語習得研究について多数の出版があるほか，インターネットを通して研究の成果や英語教育に関する提言を英語で世界に向けて数多く発信している。『第二言語習得論と英語教育の新展開』共編著（2020年，金星堂），Children's Learning of a Semantics-Free Artificial Grammar with Center Embedding, *Biolinguistics 14* (2020) など，多くの著書・論文がある。

1.1 はじめに

今日は「英語の教室で何ができるか」っていうワークショップの中でお話ということで，私のタイトルは「心，人，社会をつなぐ英語授業」としました。このお話が来た時の案内に，結構レベルの高いことが書いてありました。「英語の教室は，単なる知識の詰め込みの場所や技能の訓練の場所ではなく」と書いてあって，そのあと「何かが生まれる出会いの空間，何かが生み出される創作の時間であるべきだ」と書いてありました。あとのところが大事なメッセージでしょうね。なかなか難しいことを言うと最初に思いました。

私は，英語だけを教えているわけではないんですけども，英語の授業も一

[1] ワークショップ実施時の所属。2023年4月から早稲田大学理工学術院教授。

部持っていますので，英語教員として責任があることをしないといけません。そのうちの1つは，やっぱり知識とか技能を身に付けさせることです。これも英語教員の非常に重要な役割で，そこがなければちゃんと仕事してないんだと思うんです。それプラス何かが生まれる出会いの空間，何かが生み出される創作の時間とか言われると，これはすごいレベルの話だなと思いました。

そこで，自分の英語の授業もしくは英語を用いた授業の中で何を自分が生み出そうとしているのか，何が生み出される空間にしようとしているのかというところを振り返ってみたわけです。それで出てきたのが，自分がやろうとしていることっていうのは，新しいつながりを生み出すような英語の授業なんだなということです。先ほど申し上げたように，英語の授業だけ担当しているわけじゃないのですが，ただ，英語で教えている授業はすべて，英語を用いた授業っていう意味では，英語の授業と言えるかもしれないので，それらの中で生み出そうとしているのは「つながり」とまとめられると思います。つながりの中でも，まずは，言語と心のつながりというのをつくろうとしていると。英語を使うことによって，学生同士，人と人とのつながりっていうのをつくろうとしていると。そういう場を提供しようとしていると。それから，学生が社会とつながれるような試みをしているということに自分で気付きました。そういうまとめ方に今日はしようかなと思いました。

今日聞いてくださっている方の中には，結構大学以外で教えていらっしゃる方も多いかと思うんですけれども，そういう方には，大学で学ぶことってこういうことなんだなと考えていただければ幸いです。そこに向けて，例えば高校の授業をデザインしていくとか，高校生の教育をしていくとか中学生の教育をしていくとか，今日の話が，そういう小中高大連携みたいなことに役に立てばいいかなと思います。大学で教えていらっしゃる先生方にとっては，たぶん大学教員同士って他の人がどういう授業をやっているのか意外と見ないし，あまり知る機会もないと思うので，そういう意味で具体的にこういうことをやっている人がいるんだなというところで，ご参考になれば幸いです。

1.2　ことばと心の結びつき

まず，ことばと心との結び付きです。下の図 1 は私がよく使っている図です。これは，私たち，日本語のネイティブ・スピーカーの心の中っていうか脳の中だと考えてもらえばいいと思います。日本語の知識とかスキルが脳の中のどこかにあって，それが感情とか考えとか体とも結びついています。かなり強固な結び付きが日本語の場合あると思うんです。一方，日本で外国語として英語を学んでいる場合，英語と日本語の結び付きがかなり強くなるような教育を普通受けていると思うんです。私はこれを日本語と英語の変換作業って呼んでいるんですけど，英文和訳とか和文英訳みたいなことを結構中学校とか高校の授業でやらされるという現実があると思うんです。

英語と日本語のつながりは結構強いんだけど，英語と心，英語と体とはあんまりつながってないっていうのがたぶん現実だと思うんです。だから，英語を瞬発力を持って使えないっていうところがあるのかなと。もうちょっと自然な第二言語習得とかバイリンガルの習得だともちろん英語と日本語ってつながってはいるんだけども，英語と心，体っていうものがより強いつながりを持っている。たぶんこっちの左側の「外国語学習・中高生，大人」っていうほうは，これは既に昔からの英語教育の中でできているんだと思うんですけども，これを，もうちょっと，この右の自然な二言語話者のほうに近づけて行けたらと思っています。そうしないとほんとに自分の心を表現したりすることができないんじゃないかっていう考えを持っています。なので，まずは頭の中で英語と心ってものをつなげたい。その状態をつくるような授業をしたいと思っています。

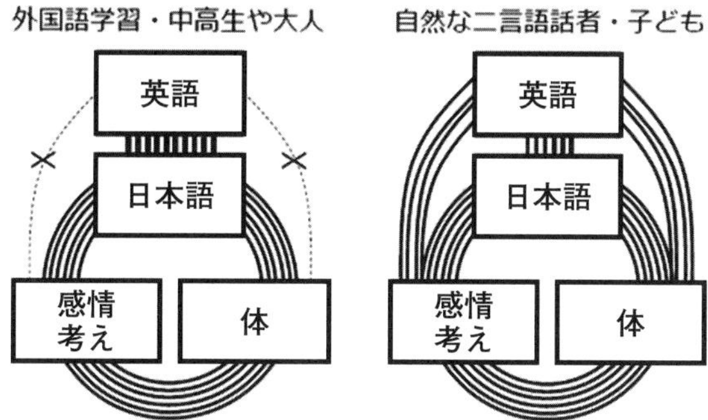

図1

その中で，英語を実際にコミュニケーションとして人と使う。大学の授業の中で学生同士が英語を使うことでその中で新しいつながりが生まれる。のちほど言いますけど，ほんとに一言で言うと新しい友達ができるとか人間関係が深まるってことです。いろいろ活動をやっていく中で社会ともつながっていく。大学っていうところは，出口は社会になってくるので，やっぱりどこかで社会とつながるってことが必要になってくると思うんです。そこに向けて英語を使っていくっていうようなイメージを自分は持って英語の授業もしくは英語を使った授業っていうのをしています。

図2は今日お話しする授業の一覧です。先ほどから申し上げている，心・人・社会とつながる英語の授業っていうものを実現するための手法として，内容重視型の学習とプロジェクト型学習，この2つのアプローチを取っています。自分が意識的にこれを採用しているとは自分でも思ってなかったんですけども，どうやらこの2つにまとめられることが自分でも分かりました。一番上は学生にとって必修で単位を取らないといけない英語。これも一般教養の英語みたいなものです。その1年生の授業と，あとは，先ほど紹介がありましたように今は教員養成課程にいますので，教職課程の2～3年生。それと大学院生も教えています。これからそれぞれの授業について説明していきます。この上の3つは内容重視で下の3つはプロジェクト型っ

ていうことになっています。

必修英語（1年）、教職課程（2-3年）、大学院における実践

• 内容重視型学習 (content-based learning, CBI, CLIL)
• プロジェクト型学習 (project-based learning, PBL)

タイプ	大学・対象	内容
CBI/CLIL (1)	K大・1年生	英語で学ぶ国際問題
CBI/CLIL (2)	Y大・2年生以上	第二言語習得論（反転授業）
CBI/CLIL (3)	Y大・大学院	第二言語習得論（ラウンド制）
PBL (1)	Y大・1年生	オリジナルリサーチ
PBL (2)	Y大・2年生	動画教材を学校に提供
PBL (3)	S大・3年生以上	市のインバウンドに貢献

図2

1.3　内容重視型授業

内容重視型の学習の1つ目ですが，これは国際問題をテーマにしたいわゆるCLIL (Content and Language Integrated Learning) です。[2] 教科書は──結構これ使ってる方もいらっしゃるかもしれませんけど──『英語で学ぶ国際問題』っていう教科書を使っています。CLILの「C」は典型的にはコンテント (content) の「C」なんですけども，他にも3つの大事な「C」があるって言われています。コミュニケーション (communication) の「C」，それからコミュニティ・オア・カルチャー (community or culture) の「C」，それからコグニション (cognition) の「C」です。

これらの4つの「C」がこのCLILの中では非常に重要だということで，これらを大事にしたような授業をしています。コンテントは内容なのでこの

[2] CLILとは，内容 (content) と外国語 (language) の学習を組み合わせて統合的に行う学習のことで，例えば英語を通して国際問題などのトピックや英語以外の教科（理科や数学）を学びながら同時に英語も学ぶような学習を示す。さらに，思考力の育成やコミュニティの形成なども目指している点が特徴である。

場合は国際問題ってことになります。それからコミュニケーションはたぶん大丈夫だと思うんですけども，第二言語習得の研究を見ていると基本的にはコンテントの重要性とコミュニケーションの重要性ってめちゃくちゃ強調されていると思います。どんな英語の授業をやるにしてもこのコンテントとコミュニケーションは重要なんだろうなと思います。コミュニティとカルチャーはちょっと分かりにくい概念だなと思うんですけども，自分は，コミュニティを作るっていうふうに解釈しています。

これからお見せするのは K 大学です。K 大学で担当してる授業なんですけども，やっぱり学生の新しいコミュニティ，仲間をつくる，そういう共同体をつくるというところを意識しています。だから，端的には新しい友達を作ろうというような言い方をしています。英語で，ですけども。

コグニションっていうのは認知っていうことなんですけども，私はこれをさっきの心と結び付ける，英語と思考を結び付けるっていうふうに，このコグニションを解釈しています。だから，日本語と英語を結び付けるんじゃなくて，英語と心を結び付けて，英語を使いながら何かを考えて，何かを考えながら英語を使うことをやろうとしています。

CLIL には幾つか関連する教授法があります。CBI (Content-Based Instruction) は，内容重視の外国語教授法っていうことです。EMI (English-Medium Instruction) っていうのが英語を通した教授法です。イマージョン (immersion) は完全に学校そのものが英語を通して何か教科を教えているっていう学校です。[3] この辺と関連がありますが，今日は CLIL っていうラベルを付けています。

---

[3] CBI は，北米を中心に発展した教授法で，ヨーロッパを中心に発展した CLIL と内容重視の点で似ているが，CLIL に比べて語学に力点が置かれている。逆に CLIL は内容学習や思考力の育成などを北米流の CBI よりも重視している。EMI は主に英語母語話者の教員が採用しており，典型的には，ある程度の英語力がある学習者を対象に内容学習を完全に英語で行うような教授スタイルである。イマージョン学校は，例えば日本では，英語を媒介言語として日本人の子どもに勉強を教えるタイプの学校であり，学校生活の中で自然に英語が身に付いていく。ここに挙げた教授スタイルは連続的であり，明確にカテゴリー分けすることは難しい。日本人英語教師は，何が CLIL で何が CBI であるかなどの議論にとらわれず，参考になる部分を積極的に取り入れて，新しい英語授業にチャレンジしていくことが大事だと思われる。

授業内の活動は，基本的には普通の英語の授業の延長にあると思いますのでリスニングとかリーディングを通した内容学習です。国際問題自体の理解が深まらないと CLIL にはなってない，内容学習にはなってないと思うので，その内容の学習があるっていうことが 1 つ重要なポイントです。それからスピーキングとかライティングを通した，自分自身の意見とか考えの交換です。あらかじめ例えば日本語で指定されている内容を英語に置き換えるのではなくて，ほんとに自分がどう思っているのかを表明する。その時に英語を使うんです。

また，データの読み取りっていうのは，使っている教科書の 1 つの面白いところなんですけど，たくさんグラフとかが出てきてそこからデータを読み取ったり，それにプラスしてインターネットで調べ学習したりして，調べた内容をプレゼンテーションするとかをしています。学期末には実際の国際問題に解決策を提案するっていうことをやらせています。内容のオリジナリティーとかも大切な評価項目にしています。なるべく全てのことを英語で行うような感じにしています。予定調和じゃない部分を英語にするのが，割と自分は好きです。

図 3 の左側は教科書の 1 つのページです。[4] これをスキャンしてパワポのファイルにまとめてあります。学生はもともとパワポになっているものにさらにいろんな情報を付け加えて，右側のように自分のプレゼン用のパワポを作って，これを，図 4 のようにお互いこういうふうに基本はペアでプレゼンをさせています。この例だと左の人が右の人に発表するような形になっています。このプレゼンは 2 週間に 1 回やっているんですけども，必ず各自が 2 回違う人にプレゼンするように回しています。

---

[4] 笹島茂・池田真・山崎勝・千田享・藤澤さとみ・福島純子・仲谷都・油木田美由紀『CLIL 英語で学ぶ国際問題［改訂版］CLIL Global Issues [revised]』三修社 .

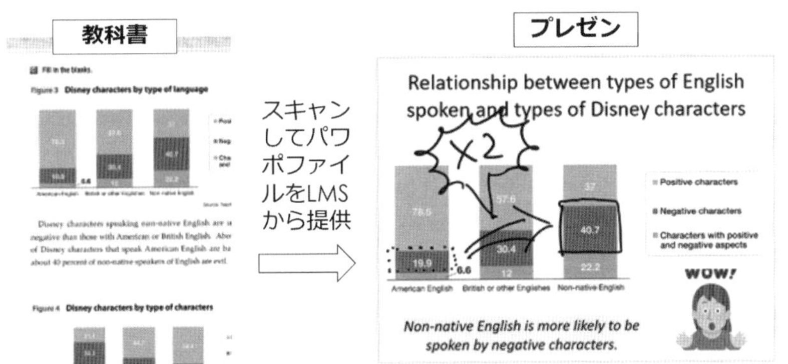

笹島ら2022「CLIL 英語で学ぶ国際問題」改訂版, p. 11　　学生のスライド例（再現）

図 3

図 4

意見の交換はライティングでもやっています。LMS (Learning Management System 学習管理システム)[5] は，よく授業支援システムっていうよう

5 学習管理システム (LMS) は，インターネットを介した学習を支えるための統合的なシステムで，現在の日本では，ほとんどの大学でその大学向けにカスタマイズされた LMS が利用されている。また，コロナ禍で小中高でもオンライン授業が広まった結果，Google

な言い方をしますけども，そこに意見を貼り付けて，それに対してどう思うかっていうようなことをコメントしたりしています。この授業は割としっかり期末のアンケートを取っていて，国際問題に関する内容学習についても，図 5 のグラフの通り，国際問題に関する認識は深まったと思う，どちらかといえばそう思う，とてもそう思うが合計 98％になっていますので，内容の学習もできているんだろうなと思います。図 5 によれば，英語のプレゼンテーションが一番上がっていると学生は思っているんですけども，ここはやや苦手だったんだけど頑張ったっていうところで，かなり上がるようになるというところでしょう。他のデータはまた時間あったらお話ししたいと思います。

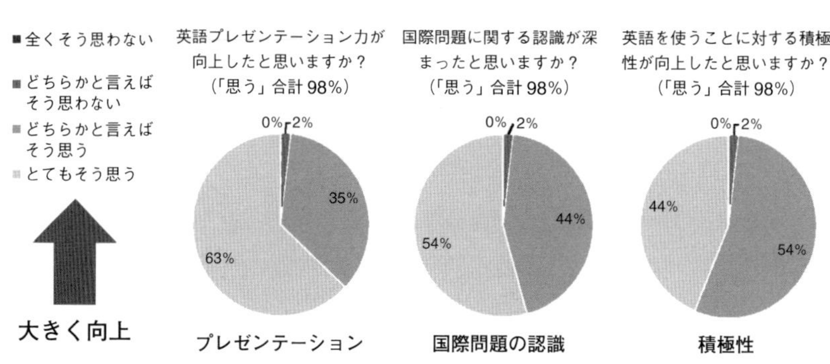

図 5

これは今年やりたいと思っているんですけど，海外の学生との動画を通した交流において使える Flipgrid っていう教育用の SNS が今はあります。これで相手として狙っているのはアジアの学生で，アジアの学生と動画を通し

Classroom などの汎用的な LMS の使用が急速に広まった。LMS を使えば英語授業で利用できる活動の幅が広がるし，学習者の IT リテラシーの向上にもつながるので，英語教師は積極的に LMS を活用すべきである。

て実際に交流できたらというふうに，この授業では思っています。[6]

それから次は Y 大です。学部生を対象にやっている第二言語習得論の授業になります。これは英語の授業っていうわけじゃなくてまさしく内容そのものを教えている授業なんですけども。これも全部英語でやっていますので英語の授業っていうふうに今日の話ではさせてもらいます。

ここでは反転授業っていう手法を使っています。典型的には反転授業は講義の部分をオンラインの教材として事前に授業外の学習としてやらせてしまう。授業の中，教室の中ではいわゆるグループワークとかペアワークを行う。そういうのが反転授業のスタイルになっています。なので，従来のやり方だと教室の中で先生が説明して学生が聞いて，教室の外で宿題っていう活動をしているということだったんですけども，それを反転させて教室の外ではあらかじめオンライン動画によって先生，この場合は私ですけども，私が説明して学生が聞く。それを事前にやってきて，教室の中ではグループ活動とか最低限何かのインタラクションがある活動を行うというようなスタイルです。

この授業でもさっきの LMS（学習管理システム），つまり，インターネット上の授業支援システムが重要なポイントになるんです。図 6 がページのスクリーンショットです。もともと各授業でビデオを指定してありまして，クリックしたらビデオに飛べる。そのビデオを見てレポートの提出とかプレゼンの準備は授業前にやって授業に臨む。このページにあるこれらのビデオで第二言語習得の主要なトピックはカバーされているような形です。この授業のために YouTube のチャンネルを作ってあって，ここをクリックすると，この動画に飛びます。学生の授業中の活動は，学生自身が作ってきた PowerPoint に基づいて動画の内容を説明していくような内容です。

---

[6] https://info.flip.com/　Flipgrid は現在 Flip という名前に変更されている。

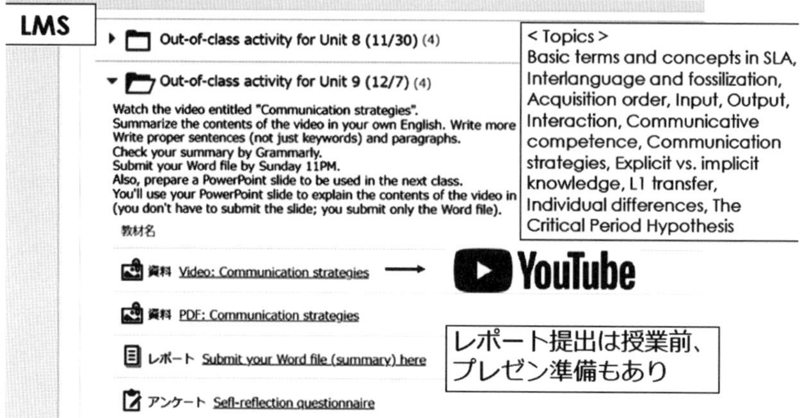

図 6

下の図 7 は，大学教員が受けないといけない研修 ── FD，ファカルティ・ディベロップメント（Faculty Development）っていうんですけども ── そのファカルティ・ディベロップメントの最初の時に見せられた有名なラーニングピラミッド（Learning Pyramid）っていうものです。[7] この下の 3 つがアクティブラーニング（Active learning）だと言われているんですけども，ただ聞いているよりも他の人に教えたほうが効果がだいぶ高いと言われていたんです。

---

[7] 画像出典：https://career-ed-lab.mynavi.jp/career-column/707/

動画内容を説明し合うペアワーク

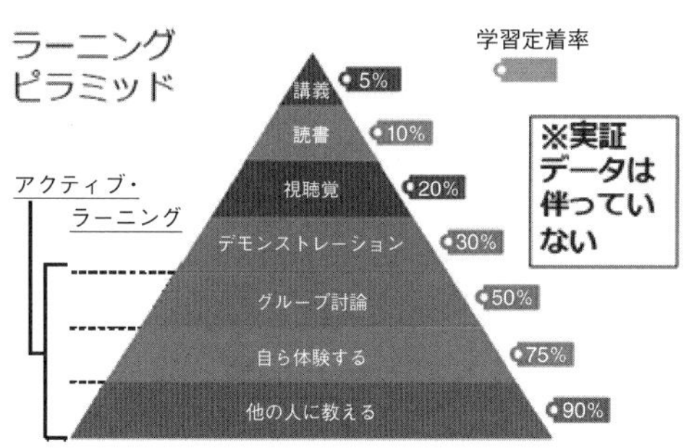

- 説明することで自分の理解が深まる
- 記憶の強化につながる
- 外化した思考を吟味できる
- 相手からインプットできる
- 集合知が生まれる

画像出典：　キャリア教育ラボ
https://career-ed-lab.mynavi.jp/career-column/707/

図 7

実際のところ，この図を支持する実証データはないってことが分かっています。しかし，感覚としては他の人に教えるほうがただ聞いているよりも何か定着しそうだなっていうのは，たぶん多くの人が納得されるんじゃないかと思います。自分は，これは実証データが伴ってないっていうことは全く知らずに，そんなに効果があるんだっていうことでだまされて採用してしまったようなところがあるんですけど。実際に他の人に教えるっていう活動，説明し合うっていうようなペアワークをやらせると，大体学生は生き生きとしてやっていますし，大変だ，大変だと言いながら成長しましたっていう感じなので結果オーライなんだろうなっていう感じは持っています。人に説明をするっていうことでいろんないい効果があるというふうに自分は考えています。

一部調べてみると，例えば自分の理解が深まるかどうかみたいなことはかなり多くの研究があるようなので，この他の人に教えるとか説明するってことも実証データがそのうちはっきりするんじゃないかなっていうふうに思っています。実際今はこういう感じでパソコンで説明し合うような感じになっているんですけど，昔はこうやって個人用のホワイトボード，こういうのを 40 枚ぐらいは持っているので，これを 1 人ずつ学生に持たせてこういう絵を描いて説明させたりしていました。これも結構学生は好きだったと思うんですけど，今は物を渡すっていうのがコロナであんまり良くないことになっちゃったので個人のパソコンでやらせています。こうやってペアで説明し合うっていうこと以外にも，代表がクラスでプレゼンしたりとか，あとは私から質問したりとか，そういうこともやっています。基本は教室の中で学生がずっと喋ってる，英語を喋ってるような授業です。

図 8 はさっきの学部の第二言語習得論の延長みたいな形ですが，大学院生対象の授業です。これも Y 大でやっているというか，これは正確にはやっていたってことなんですけども，第二言語習得論の授業です。

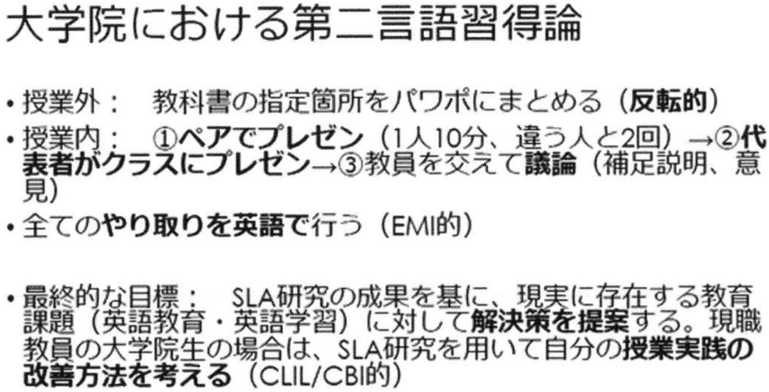

大学院における第二言語習得論

- 授業外： 教科書の指定箇所をパワポにまとめる（**反転的**）
- 授業内： **①ペアでプレゼン**（1人10分、違う人と2回）→**②代表者がクラスにプレゼン**→③教員を交えて**議論**（補足説明、意見）
- 全ての**やり取りを英語で**行う（EMI的）

- 最終的な目標： SLA研究の成果を基に、現実に存在する教育課題（英語教育・英語学習）に対して**解決策を提案**する。現職教員の大学院生の場合は、SLA研究を用いて自分の**授業実践の改善方法を考える**（CLIL/CBI的）

図 8

この授業でも基本的な流れは結構似ています。教科書の指定の箇所をパワポにまとめて，そこは自分でやってくるところなのである意味反転的です。ペアでプレゼンしたりとかっていうところは学部の授業と同じです。最終的には教育の課題に対して解決策を考えていくようなものになります。

ここで採用しているのは定着を目指したラウンド制っていうものです。図 9 の集中型で示したように，普通，教科書のチャプターの 1 から 6 を 1 年かけて読む場合，普通はチャプター 1 に 4 回分授業を充ててチャプター 2 に 4 回分授業を充ててって感じで進んでいくと思うんです。この授業の中ではそうじゃなくて，チャプター 1 から 6 までを一気に読んでしまって，さらにまたチャプター 1 に戻ってまた読んでしまう。これを 4 回繰り返すっていうようなやり方をしています。

定着を目指した「ラウンド制」

教科書（洋書）のChapter
1－6を1年かけて**4回読む**

集中型	春学期	1 1 1 1　2 2 2 2　3 3 3 3
	秋学期	4 4 4 4　5 5 5 5　6 6 6 6
▶ 分散型 ラウンド制	春学期	1 2 3 4 5 6　1 2 3 4 5 6
	秋学期	1 2 3 4 5 6　1 2 3 4 5 6

図9

これは分散型とかラウンド制と呼べるんですけども，自分はこのほうが定着すると思っているんです。内容重視型の弱点は，定着に関する意識が弱いっていうところだと自分は思っていますので。さすがに4回も同じところをやると「よく覚えました」っていうふうに大学院生は言っていましたけども，ちょっとずつレベルを上げていっているというか。基本は小から大，部分から全体の順で理解していくっていう形で，各ラウンドでちょっとずつ違うことをやっているんです。だけど，同じところを4回読んでいるってことです。最終的に現実の教育的考えと統合するっていうところを目指しています。中学校における5ラウンド制っていうのが横浜市の中学で有名なのがあるんですけども，これは英語の教科書を1年で5周するっていうようなものです。[8] 今日はこちらはテーマじゃないのでお話ししませんけども，こういうところからヒントを得ています。

1.4　プロジェクト型授業

次はプロジェクト型の授業です。最初にお見せするのはこれもY大学で，

[8]「5ラウンド制」は，横浜市立南高等学校の附属中学校（南中学校）で考案されたスパイラルカリキュラムで，1年間に教科書を1周ではなく，5周（中学1年生）もしくは4周（中学2・3年生）する。当然，1周あたりにかける時間は短くなるが，英語力の定着には高い効果があることが英検などの実績から示されている。

これは1年生で必修の英語なので嫌々参加している学生が多いタイプの授業です。これは研究のプロジェクトになっています。そもそもプロジェクトって何だって考えた時に，今までお見せしていたさっきの例えば第二言語習得の授業とかは基本的に各レッスンが並列になっていると思うんですけど，プロジェクト型っていうのは完成に向けてちょっとずつ積み上げていって学期の最後にプロジェクトが完成しているようなものになります。特に社会的な課題を解決するようなものが最も典型的なプロジェクト型になってきます。

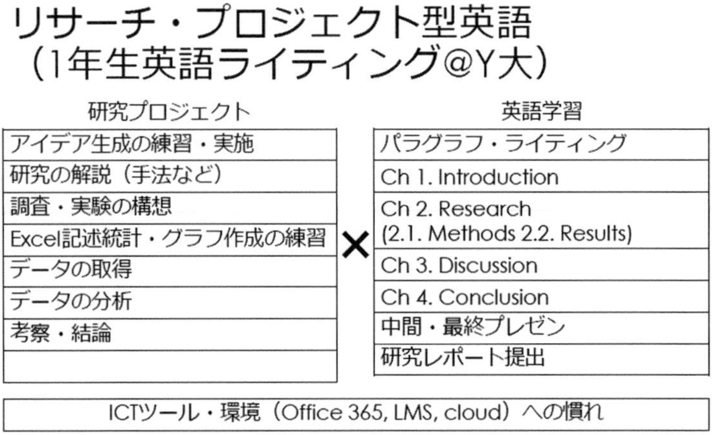

リサーチ・プロジェクト型英語
（1年生英語ライティング@Y大）

研究プロジェクト		英語学習
アイデア生成の練習・実施		パラグラフ・ライティング
研究の解説（手法など）		Ch 1. Introduction
調査・実験の構想		Ch 2. Research
Excel記述統計・グラフ作成の練習	×	(2.1. Methods 2.2. Results)
データの取得		Ch 3. Discussion
データの分析		Ch 4. Conclusion
考察・結論		中間・最終プレゼン
		研究レポート提出

ICTツール・環境（Office 365, LMS, cloud）への慣れ

図10

これは私が自分で思いついたっていうよりは基になっているものがあって。私が前任校にいた頃にR大の裏のほうに住んでいまして，そちらでもちょっと教えていました。その時担当していたのがこのプロジェクトベースド・イングリッシュ・プログラム (Project-based English Program)，通称PEPっていうものでして，ここでの経験が非常に活きています。[9]

やっている内容としては，研究プロジェクトがまず当然あるんですけど

[9] http://pep-rg.jp/

も，それを英語の学習と絡めてやっていて，最終的にはこれはライティングの授業になるのでリサーチ型ライティングみたいな形です。最後は研究リポートみたいなものを作らせるというところで，普通の研究論文みたいにイントロがあって方法論があって，結果があってディスカッションがあってみたいな感じでリポートを作っていくのと並行して，実際にこの研究プロジェクトを 1 年生がやるっていう形になっています。ICT の使い方とかその環境に慣れたりするっていうのはすごく大学に入ってから重要な部分なので，1 年生なので，それは学期を通して指導してるような感じです。

図 11 は，1 つ前の学期でやった授業の中で面白かったやつです。これは水車です。右の写真は川なんですけども，川に実際こういうちっちゃい水車を入れて，どういう条件にしたら何ボルト電気が作れるのかっていうようなことを，羽の角度と羽の長さと羽の数，この全てのパターンでこの学生は実験しました。図 12 はその結果で，こういうグラフを作ってきました。自分が目指しているのは本当にこういうことを学生がやることです。この学生は理工の学生ですけど，理工学部の学生としてほんとに自分が関心があることを実際に自分が実施して，それを英語に表現するようなことを目指しています。

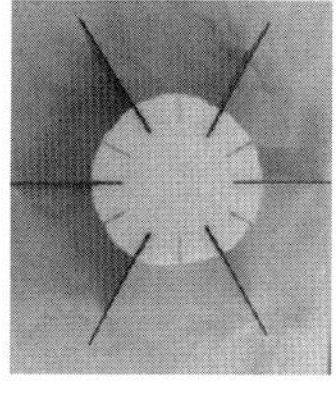

図 11

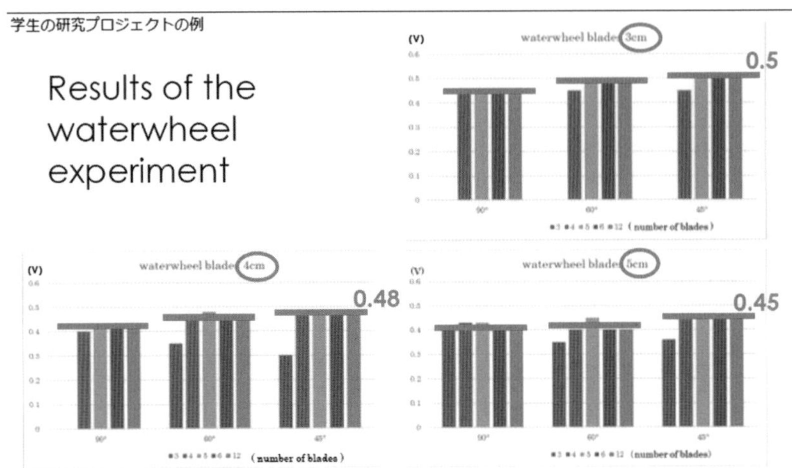

図 12

次のものは，英語の先生になりたい英語の教員養成課程にいる学生向けにやった去年のもので，英語の動画の教材っていうものを作成して小学校とか中学校とかに提供するというプロジェクトです。これは英語の授業っていうわけではないですけども英語に関係するのでご紹介いたします。いろいろやっているんですけども，基本的に動画を作らないといけないので動画作成のノウハウの習得っていうことになり，それがメインなんです。

1 つには英語の先生っていうのは，私は先生自身が教材だと思っていますので，人前に立ったりとかカメラの前に立ったりした時に実際にいい教材になれるようにしましょうっていうのを結構言っています。まずそれにはそういうことが上手な人を見ることだろうっていうことで，英語劇を見に行ったり実際に演技の指導受けさせたりしました。一通りノウハウを学んだら実際に学生が動画を作って，最後は附属の小学校とか中学校とかで実際にその動画を使ってもらいました。だから，図 13 の最後の目標っていうのに向けて積み重ねていくようなプロジェクトをやっていたというところです。実際にその中で小学校とか中学校の教科書とかに出てくる英語の表現をちゃんと理解して，英語で脚本を作るんです。そこは英作文になってきますので，いろいろ工夫させながらこっちも添削しながら，英語の発音とかも結構大事になってくるので，そこら辺の指導もしながらやっていくという感じです。

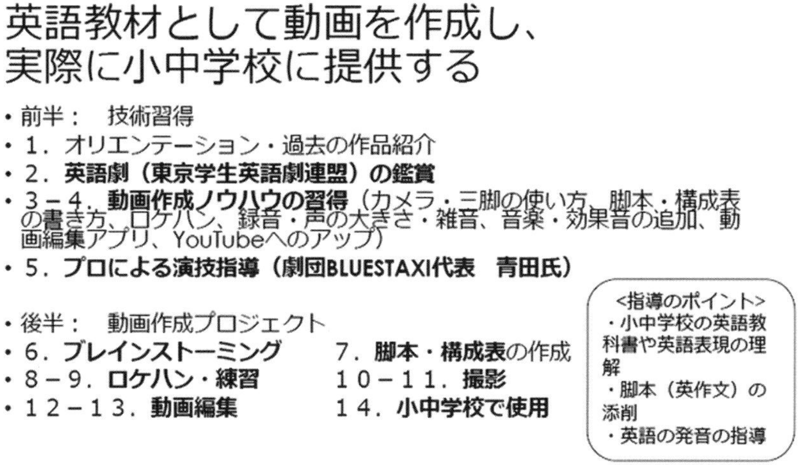

英語教材として動画を作成し、
実際に小中学校に提供する

- 前半：　技術習得
- １．オリエンテーション・過去の作品紹介
- **２．英語劇（東京学生英語劇連盟）の鑑賞**
- **３－４．動画作成ノウハウの習得**（カメラ・三脚の使い方、脚本・構成表の書き方、ロケハン、録音・声の大きさ・雑音、音楽・効果音の追加、動画編集アプリ、YouTubeへのアップ）
- **５．プロによる演技指導（劇団BLUESTAXI代表　青田氏）**

- 後半：　動画作成プロジェクト
- **６．ブレインストーミング**　　７．**脚本・構成表**の作成
- **８－９．ロケハン・練習**　　１０－１１．**撮影**
- **１２－１３．動画編集**　　**１４．小中学校で使用**

<指導のポイント>
・小中学校の英語教科書や英語表現の理解
・脚本（英作文）の添削
・英語の発音の指導

図 13

撮影は，iPad mini を学生 1 人に 1 台貸して 1 人が 1 作品作るということです。YouTube とか LMS とかも活用して英語劇を見に行ったりします。[10] 図 14 の右から 2 つ目が演技の指導の様子です。こちらの人が青田さんっていうプロの演出家の方です。[11] 小学校英語の教科書とかを見てどういう話にしようかということを実際考えさせています。[12]

---

[10]「東京学生英語劇連盟」https://model-production.jimdofree.com/

[11] 劇団「BLUESTAXI」座長の青田ひでき氏　https://www.bluestaxi.net/about

[12] 図 14 の小学校英語教科書は，文部科学省『新学習指導要領対応　小学校外国語教材 We Can! 1』東京書籍。

利用した道具・仕組み

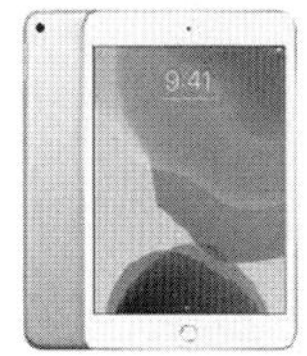

YouTube

LMS

英語劇（東京学生英語劇連盟）

演技指導（青田氏）

小学校英語教科書

図 14

図 15 はここ数年の例ですけども，過去いろんな作品が学生によって作られています。実際料理したりとか，学食で何か食べたりとか，何か面白い動きをしたりとか。これなんかは彼女に振られた瞬間みたいな感じですけども，いろんなストーリーを学生が考えてその中で英語の表現を小中学生に伝えるようなことをやっています。

学生が作成した動画の例

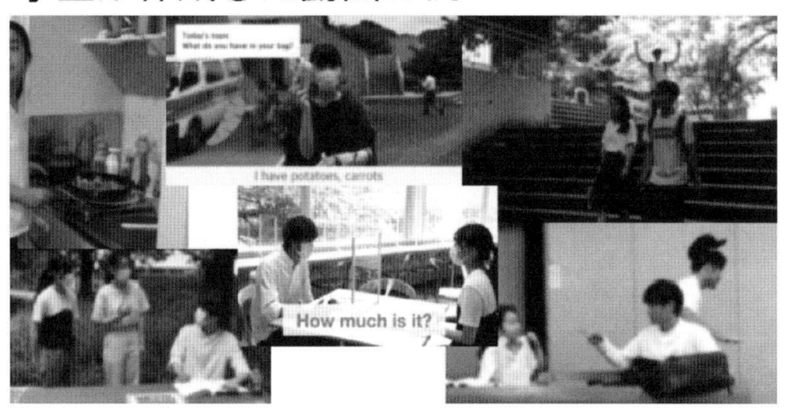

図 15

図 16 は，実際に小学校の先生が学生の動画を用いて授業をしているところです。先生がいろいろ工夫してくださって，ただ見せるだけじゃなくて黒板に何かいろいろ書いてその動画を基に授業をしてくださったりしました。文章が LINE ふうに提示されるような場面だと，小学生が前に集まってきて実際に読んでみたいと思うんだと思うんですけど，実際に，そんなふうに読んでみるようなシーンも見られました。

小学校外国語の授業で使用

図 16

最後に紹介するのは，S 大がある大津市の魅力を外国人に向けて英語で発信して，実際インバウンドに貢献するっていうようなことを目指したプロジェクトです。これは 3 ～ 4 年生対象だったんですけども，このプロジェクトは社会とのつながりとか社会貢献を意識したものになっています。教材内容論っていう授業の 5 回分でやったんですけども，これは非常に私の中でも思い出に残っているものです。目標は英語で大津市の PR 動画を作るっていうことにしました。フィルム・プロジェクトっていうふうに名前を付けて，これは典型的なほんとにプロジェクトベースドラーニング（Project Based Learning）というかプロブレムベースドラーニング（Problem Based

Learning）なので，それを経験させたかったんです。この時も iPad を使わせて，動画の作成ができるように，技術を習得してほしいっていうのがありました。図 17 のように 5 回の授業でこの内容をやり，最終的に動画を作って上映会をやったりとかしました。

Film Project 全 5 回の内容

- アイデアを英語でスピーチ、グループ決定
- 英語でメンバー紹介ビデオ作成
- 英語のセリフ考案・映像構成表作成
- 撮影・編集（アプリ：Perfect Video）
- YouTube →アドバイス
- 最終撮影・編集
- 上映会・投票

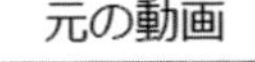

図 17

図 18 はその時に学生が作った動画です。大津市には比叡山，延暦寺とかあります。それから後ろに見えているのは琵琶湖ですけども，有名な「なぎさパーク」だとか「ミシガンクルーズ」っていう船に乗ったりとか。あとは瀬田川っていう琵琶湖から出ている川の紹介だとか。それから評価高かったやつとしては『ちはやふる』っていうので有名な近江神宮に実際行ってそこのプロモーションを作ったりとか。石山温泉っていうのは大学の近くにある温泉なんですけど，実際こうやって入って撮影してます。こういう大津の伝統芸術とかを紹介するようなものとかもあります。これを全部英語でやったってことです。

図18

図19は上映会の様子なんですけども，実際に私が大津市のほうにコメントに来てほしいっていうことで頼みに行ってます。その当時はコロナとかもなかったので，実際自分で車を運転して市役所まで行ってお願いしたんですけど，アメリカの国際交流員の方とかも実際に大学まで見に来てくれてコメントくれたり，手伝ってもらった映画監督とか映像作家の方もいたのでその人たちにもコメントをもらったり，100円ショップで買ったメダルとかを授与してめちゃくちゃ楽しかったです。

私は教育学部にいたんですけど，経済学部のほうでも動画を作る授業があって，そこと合同でコンテストをしました。テレビとか新聞とかにも取り上げられたんですけども，結局，近江神宮を紹介したこのグループがやっぱりかなり評価が高く，実際に近江神宮の方に「これをうちで実際に使わせてほしい」って言われました。もともと私はそこまで行くといいなぐらいにしか思ってなかったんですけど，最後は実際に使ってもらうっていうところまで行きました。

図 19

1.5　心，人，社会をつなぐ英語の授業

以上のように私は自分の授業の中で心，人，社会をつなぐ英語授業，もしくは英語を用いた授業っていうのをやってきています。日本語と英語をつなげるっていうのももちろん大事なんですけども，自分自身の考えとか思いを英語で表現する，頭の中で心と英語をつなげるってことを大事にしています。具体的には，1 人で取り組むような作業を家でやるということは，教室の中でコミュニケーションをたくさんにするっていう意味では非常に大事なことです。教室の中ではクラスメートとのつながりをつくって，そのつながりをつくることを自体にまずは価値があります。そのつながりの中からいろいろ学んでいく。

最終的には教育とか社会とかと何かつながりを持って，何かの問題を解決できるような，そういう力を持った学生を育てていきたいっていうふうに思っています。こういうのを実現する学習のスタイルとして内容重視型の学習とかプロジェクト型の学習っていうものを採用しています。その中で ICT の活用 ── 今日すごくたくさん出てきたと思うんですけども ── それも大事に思っています。では，以上です。ご静聴ありがとうございました。

2.　学校における英語教育はどうあるべきか

中川 右也

博士（教育学）（愛知教育大学・静岡大学）。三重大学教育学部准教授。小学校英語教育学会賞受賞（2021 年）。文部科学省認証 英語教育推進リーダー。中学・高校教師であった経験を基盤として，教育に寄与することを目的に言語学や教育工学などの知見を基にした研究をおこなっている。『英語のしくみと教え方 ── こころ・ことば・学びの理論をもとにして』共著編（くろしお出版，2020 年），「認知言語学の知見を拠所とした教材・学習材の開発」『日本認知言語学会論文集』第 21 巻（2021）など，多くの著書・論文がある。

2.1　自己紹介

今日は「英語の教室で何ができるのか」ということで，特に，学校における英語教育はどうあるべきかについて，私が考えていることをお話しさせていただきたいと思います。初めにちょっとだけ自己紹介をいたします。愛知県生まれの愛知県育ちです。今まで予備校とか中学，高校で英語を教えてきたという経験があります。連続ワークショップのトリでもある白畑先生は私の恩師です。本日ご参加いただいておりますが，恩師の前でプレゼンをするのは非常に緊張しますが，よろしくお願いいたします。

今まで教師をしていて楽しいと思うのは，教えている子たちが力強く卒業していったとき，そして卒業した教え子が大人になった後に再会してその成長を見ることです。それから，もともと予備校講師をしておりましたので，予備校や塾の教育と学校の教育との違いは何ぞやということを考えています。他に，興味，関心があるのはICT，英語教育，英語学，アクティブ・ラーニングです。特にICTは企業と連携して商品開発などしています。トライポッドワークス株式会社さんとは共同研究して，無線とタブレットなどをご提供いただいております。ICT活用に関しては，英語のみならず，例えば小学校の社会科でも，三重県津市の小学校の児童と茨城県つくば市の小学校の児童をつないでお互いの地域を紹介するという取り組みもサポートさせていただいています。この取り組みは2022年3月の中日新聞の記事でも取り上げていただきました。

2.2 理想の授業

本題に入っていきたいと思います。まず，私が考える理想の授業についてです。最初に答えを言うと，授業デザインとしては何でその授業をするのかというところから考えなければならないと思っています。もう少し具体的に言いますと，その時（when），その場所（where）で，その人（who）と，そのもの（what）を使ってでしか行えない方法（how）と理由（why）付けられる授業，つまり5W1Hをもとに授業をデザインするわけです。と言っても，なかなかこのような授業は簡単にはできませんけれども，そういう授業が理想だと思います。

このことを教えていただいたのが神戸市外国語大学の名誉教授である野村和宏先生，私の恩師です。野村先生の講義で，こういう授業が理想だというのを聞かせていただき，確かにそうだと思いました。野村先生は，書籍の中で70字で表す理想とする授業を，「学生が毎時間，期待感を持って教室に向かい，教室で共に学ぶことの喜びと意義を感じ，学習の達成感の余韻を味わって教室を離れることができる授業」と述べています。[13] 私なりにこの理想の授業をもう少し具現化していくと，教室を社会的なものにするというこ

[13] 大学英語教育学会授業学研究委員会（編）（2007）『高等教育における英語授業の研究』松柏社.

とです。この点で，今日，先ほどお話をしていただいた尾島先生と親和性があると個人的には思っています。

2.3　本物とは

実は教室という場には非社会的要素が多いです。反社会的とは異なります。非社会的とはどういうことかと言いますと，教室では，ある 1 人の人が前にいて，全員座って，ずっと聞いていることが多いと思います。こういうシーンというのは社会ではあまりありませんよね。そういった意味で非社会的です。私は，社会で行われている実態をなるべくありのままに再現するのが教室ではないかと思います。つまり，本物を目指さなくてはいけないのではないかと思っています。そういった意味において，理想の授業というのは，教室をより社会的なものにすることであり，社会的なものにするということは本物にするということです。教室での授業を社会の実態と同じにしたい，そういうふうに考えております。

他に本物の定義には色々ありますが，英語そのものにしても，本物を求めていくべきではないかと思っています。例えば，How is the weather today?，あるいは What time is it now? とか What day is it today? など，こういう質問を聞いていて何か変だなと思うんです。これはどうして変だと思えるのか。

中学校などでも，よくこういった英語で授業を始めている方がいますけれども，これは本物のコミュニケーションではないですよね。「天気なんか窓から見たら分かるやん」と思う。あるいは What time? と聞かれた時に「壁に時計かかっているのに何でそんなこと聞くの？」とか。What day? と言われたら，「何曜日かって，先生，記憶おかしくなっちゃったの？」というような感じになる。結局，これは違和感であり，違和感が出てくるのは本物ではないのです。

では，これをどういうふうにして本物にすればいいかというと，例えば，私なら次のようにします。How is the weather today in London? と。そうしたらロンドンの天気なんか分からないですよね。だから子どもたちはタブレットで調べるのです。こういうのが本物ではないかなと思います。教材作成に関しても，本物っていうのを求めなければいけないと思っています。

具体的には，Please close the window. における the を教えるシーンにふさわしいイラストを考えてみたいと思います。図 20 を見てください。①のイラストでは，会話をしている人物が描かれていないことから，目的・場面・状況が分かりにくいです。②のイラストでは，人物は描かれていますが，お願いをしている人は窓を指差していますよね。指を差すと the ではなく that になるので，忠実に英文をイラストに反映しているとは言えません。③のイラストはどうでしょうか。イラストでは，背を向けてお願いしていますが，実際にコミュニケーションをしている時に背を向けてコミュニケーションするべきではないですよね。よって，4 つの中では④が一番英文にふさわしいイラストであると考えられます。どのような場面で使う英文かということをきちんと表しているイラストが大事なのです。Larsen-Freeman[14] も言っていますが，文法を教える際に重要な要素は，意味と形式，そして場面であり，それらが含まれているイラストを教材として作成することが理想的であると考えられます。

[14] Larsen-Freeman, Diane (2014) "Teaching Grammar," *Teaching English as a Second or Foreign Language,4th Edition*, ed. by Marianne Celce-Murcia, Donna M. Brinton, and Marguerite Ann Snow, 256–270, National Geographic Learning / Cengage Learning.

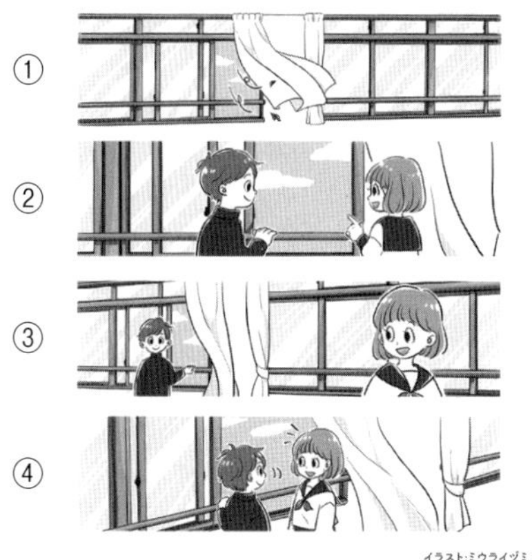

図20

2.4　構成主義と協働

教材を作る時も，やっぱりこういった細部にこだわって本物に近いものを作っていかなければならないと思っています。本物というのは，より社会的なものにするということですけれども，これは構成主義理論に基づいた考え方です。構成主義とは何かと言いますと，様々な人で世界は構成されていて，学習はその人たちとの関わり合いの中で相互作用を通じて行われるという考え方です。今どきのことばで言うと，これは「きょうどう学習」です。この学習は，文部科学省が言っている，主体的・対話的で深い学びのことであり，アクティブ・ラーニングにつながる概念です。この「きょうどう」について少し考えたいと思います。

「きょうどう」の「どう」を「働」にするのか「同」にするのかという問題です。あまり区別せず使っていらっしゃる方がいるようですけれども，文部科学省は，異なる個性をもつ者同士で問題の解決に向かうことの意義を強調するために，「協同的」としてきたものを「協働的」と，「同」から「働」に変えました。英語を見たら分かるのですが，この「働」はコラボレーション (collaboration) のレイバー (labor) に由来し，将来，仲間と一緒に協力し合って働く人を育てることを見据えた学習です。

この協働学習がうまくいくには，例えば，お互いの役割は異なっているけれども，一緒に取り組まないと達成できないようなタスクを与える，そのような学習形態が一番よいのではないでしょうか。「協働学習」ではフリーライダー[15] が生まれてきてしまうという相談をよく受けるのですけど，役割が違っていればフリーライダーは生まれないのではないかなと思います。役割が違うとはどういうことかを説明します。

図 21

図 21 の積み木をしている子どもたちのイラストを見てください。1 人の子は支えている，1 人の子は積み上げている，1 人の子は応援しています。一人一人の役割は異なっています。実際の社会というのは，みんなが同時に同じ仕事をやっているということはめったにないわけですから，一人一人役割が違っていい。しかし，みんなが力を合わせないと達成できないタスクになるようにデザインをすることが重要になってきます。そういったことを考えた協働学習というのが，いわゆるこの「働く」の学習だと思っております。

では，なぜ学校教育で本物を追求するべきなのか。私自身がもともと予備校講師だったということもありまして，予備校や塾の教育との差別化についてよく考えます。何で学校教育が本物を追求するのかと言うと，それは教育基本法に書いてある通りです。教育の目的と目標のところをちょっと見ていただくと，目的のところには，「平和で民主的な国家及び社会の形成者とし

[15] グループワークの際，他のメンバーが仕上げた成果物の制作に，自分は何も貢献しなかったにもかかわらず，貢献したかのようにふるまう人。

て必要な資質を備えた心身ともに健康な国民の育成」，目標のところには，「自主及び自律の精神を養うとともに，職業及び生活との関連を重視し，勤労を重んずる態度を養う」と，書いてあります。これは，尾島先生も先ほど大学教育は出口で就職があり，社会を見据えた授業をしなければならないとおっしゃっていましたけど，まさにそのとおりで，これは大学のみならず，小学校，中学校，高等学校と，一貫して社会へのトランジション（transition）を意識した学習というのが大事になってきます。この点を強調することで，予備校や塾との差別化ができると思っております。

しかし，協働学習が大事だよと言っても，実際にはなかなか難しい。例えば，語彙学習で協働学習できるの？とか，文法学習で協働学習できるの？という声があると思います。語彙学習の例が中川（2018）[16] に，文法学習の例が中川（2020）[17] にそれぞれありますので，もし興味がありましたら読んでみてください。また，添削や評価の協働学習の例が Gibbon, Nakagawa, and Kobayashi（2021）[18] にあります。コレクション・コード（correction code）を使えば学習者同士で添削もできるのです。学習者自身が添削をすれば教師の負担は減り，しかも，学習者に気付きが生まれるので学習効果は上がります。スピーチの協働学習の場合，一人一人違う役割を持たせると良いでしょう。例えば，３人でグループを形成する場合，１人が話す（speaker），１人がスピーチの内容を書く（writer），１人が評価する（judge）。そうすることで，全員が何らかの役割，つまり責任が与えられて協働学習が可能となります。この方法を基に実践をした Gibbon, Nakagawa, and Kobayashi（2021）の研究では，回数が増えることによって，流暢性とパフォーマンス

[16] 中川右也（2018）「帰納的句動詞学習の設計 ── 認知言語学的知見に基づいたアクティブラーニング型授業への試み」『教科開発学論集』6, 59–75.

[17] 中川右也（2020）「時を表す前置詞 AT・IN・ON のイメージ指導法」『英語のしくみと教え方：こころ・ことば・学びの理論をもとにして』，白畑知彦・中川右也（編），117–141，くろしお出版.

[18] Gibbon, Benhanan Richard, Yuya Nakagawa and Sho Kobayashi（2021）. "Suitability of Peer-Assessment Methods for Testing Large-Class Oral Production: Activating Fluency Through Performance," *Journal of the Chubu English Language Education Society*, *50*, 33–40.

が上がったということを報告しています。例えば，教師が評価すると，時間の制限などで，生徒1人に対して1回ぐらいしかできません。しかし，小グループにすることで，その分，生徒は何回も何回もスピーチができます。回数が増えれば，流暢性が上がる，パフォーマンスが良くなるというのは当たり前の学習効果ですが，残念ながら，このような相互評価 (peer assessment) の実践は，まだまだ多くはないようです。

こういうふうに協働学習を通して教室を社会的なものにするというのがあるべき姿なのではないかと思っています。言いかえれば，現代の教育というのは，教師の介入があり過ぎる，サポートし過ぎるということです。教師が介入し過ぎると，正解に到達することが目標になってしまうことがあります。そうではなく，学校教育では学習指導要領にもある自立心や自律性を育てなければいけませんので，やはり責任の段階的移行をしていくべきであると思っています。

2.5 授業での教師の役割

英語の授業というのは，スキルを用いた活動が重要になってきます。次の図22[19]に示されているように，教師の活動が増えれば学習者の活動はその分，減りますので，なるべく教師の説明や活動を減らすよう努める必要があります。

---

[19] Pearson, P. David and Margaret C. Gallagher (1983) "The Instruction of Reading Comprehension," *Contemporary Educational Psychology*, *8*, 317–344.

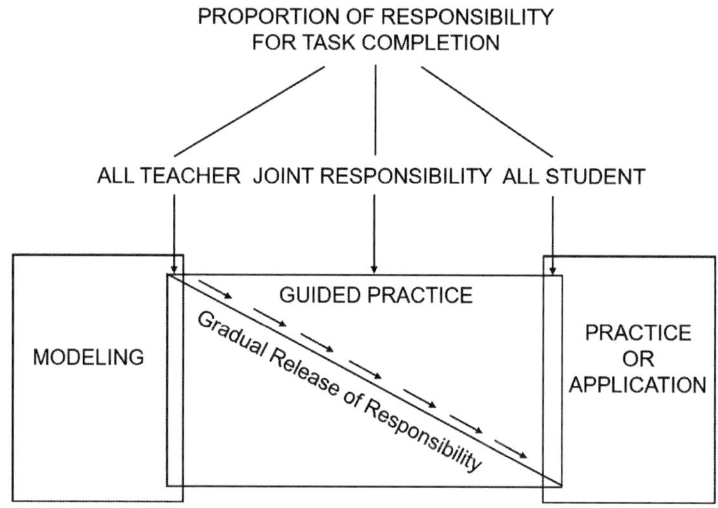

図22

それに加えて，学習を協働的なものにするためには，教室などもグループ活動がしやすいような家具をそろえるのが理想ではないかと思っています。今までは，教師が説明して，その後，学習者が練習，活動をするというPPP（presentation-practice-production）の型が主流でした。それをさらに責任の段階的移行をさせて変えていく。理想的な責任の段階的移行とはどういうものかと言うと，先生がまずは見せて，一緒に練習して，活動させるという一連の流れから，教師が足場掛けをした上で，学習者に最初からやらせてしまう流れに段階的に移行するというものです。

これはTBLT（task-based language teaching）型というものです。タスクについては，ワークショップの最終回で，松村昌紀先生にお話しをしていただけると思いますので楽しみにしてください。こういった責任の段階的移行では，とりあえず，学習者にやらせてみることが重要であり，先生の支援，つまり，足場掛けは大切ですが，足場は最終的には外さないといけないもの，つまり，一時的なものであるということを，教師が頭の片隅に置いておく必要があると思っています。

私の理想型は変身バイクです。皆さん，変身バイクってご存じですか。私が自転車を乗る練習をしていた頃は補助輪が付いていました。けれども，今は補助輪が要らない。なくても自分で練習でき，乗れるようになる自転車ができたのです。図 23 のようなペダルを後で付ける自転車です。[20]

図 23

この商品の web サイトの広告ビデオには，ある幼稚園での使用例が載っています。そちらを見ていただければ分かると思いますが，自転車の乗り方を先生が逐一教えてはいません。先生は教えずに，子どもたちにあくまで寄り添っています。そして子ども同士が競い合って，まさに学び合いをしています。特に技能面においては，こういった学習の仕方があるべき姿ではないだろうかと思います。

英語学習で大事なのは取りあえずやってみるということです。取りあえず英語を使ってみるという機会です。そういった場を授業で与える。つまり，経験の重要性です。学習者に経験を積ませるためには，コミュニケーションの場を提供する必要が教師にはあります。一言で言うと，学習者同士の本物の英語を使った交流の機会を教師が与えるということになります。そうすることで，より英語を使える日本人が増えてくるのではと思います。

実際使ってみることで英語をアウトプットしますので，アウトプットすると，したいこととできることとの間に違いがあるという気付きが生まれます。実際に英語を使う機会というのは授業でもあると思いますが，正直に言

[20] https://www.henshinbike.com/

えば，普通の授業では英語を使う理由が見つけにくいのです。「なぜ日本語母語話者同士なのに英語で話すの？」というところがあります。そういった意味において，英語を使う理由が見つけにくい教室の場に，実際，英語を使わなければいけない，本物の英語を使った交流の場を教師が持ち込むのが大事だと考えています。

2.6　ICT を活用した海外との交流

次は実例を紹介していきたいと思います。教室を本物の英語を使った交流の場にすることを可能にするためには，ICT を活用した交流がよいのではないでしょうか。今はパソコンやタブレットは，誰でも使えるような機器になっています。文部科学省も言っていますが，ICT を使うことで時間的・空間的制約を超えることができます。2019 年に始まった GIGA スクール構想によって，ほとんどの学校現場では，一人一台のタブレット端末環境が整備されていることからも，一昔と比べて，こうした ICT を活用した交流の壁は低くなっています。ちなみに，GIGA スクール構想の GIGA には 2 つの意味が込められていますが，そのうちの 1 つが Global and Innovation Gateway for All です。GIGA スクール構想と聞くと，ICT 整備のことを思い浮かべる先生方が多くいらっしゃるかもしれませんが，グローバル化への取り組みのための活用も忘れてはいけません。GIGA スクール構想の立ち上げを担当した髙谷浩樹氏は，Global and Innovation Gateway for All を想起して，これからの学校の外部社会との扉が ICT，デジタル技術であり，閉鎖的に陥ることもなく，社会や世界との接点となる開かれた教育 DX に進む必要があることを述べています。[21]「子どもたちが ICT を使うのは難しいのでは？」と言う先生方がいますけども ── これについて個人的にはプラトンの問題とすごく親和性を感じるのですが ── Z 世代の子どもたちというのは，端末やソフトウェアのマニュアルを熟知することで ICT を使いこな

[21] 髙谷浩樹 (2022)『「GIGA スクール」を超える：データによる教育 DX 実現への道程』東洋館出版.

せるようになるのではなく，不完全，部分的な操作を繰り返すことで，ICTを自在に使いこなせるようになっていくのです。また，子どもたちが実際に端末を活用している場面を見ると，いとも簡単に使っていますので，大人たちが思っているほど難しいということは，子どもたちにとって，ほとんどないと思います。

英語圏との交流と英語圏以外との交流という2つの形が，交流の形態ではあります。まず，英語圏との交流でお勧めなのはインターネットを介したEタンデム学習です。タンデム学習とは何かと言いますと，タンデム自転車という2人乗りの自転車と同じシステムの学習です。2人が協力し合って進んでいくのがタンデム自転車ですけれども，それと同じように，例えば，日本の学生は海外の学生に日本語を教え，海外の学生は日本の学生に自分の母語である英語を教えて，お互いが外国語として学んでいる言語の習得を目指す学習の方法です。お互いに対等な関係で学び合うことができるので，非常に効果があると言われています。タンデム学習では，同年代の学習者同士というのが大事ではないかと考えています。また，英語圏以外の学習者との交流としては，外国語として英語を学ぶもの同士の英語を用いての交流もすごく意義があると思います。

実際に2021年，私の授業でミシガン大学との交流によるEタンデムをやってみました。これが結構評判が良く，学生の1人が卒業論文のテーマでEタンデムを研究したいと言ってEタンデムの実践研究をしました。こちらは，日本にいる留学生と日本の高校生とのやり取りで，疑似Eタンデムと言ってもいいものでしたが，結果に関しては，有意な効果はなかった，つまり，統計的には有意差がないという結果になりました。他には，2022年の研究（小林，中川，茅野 2022）で，日本の大学生とアメリカに通う学生でEタンデムをしたものがあります。[22] 8回実施しました。内容はどういうものかと言うと，前半が自己紹介とか年中行事について，後半がパンデ

---

[22] 小林翔・中川右也・茅野潤一郎（2022）「E-Tandem プログラムが英語学習者に与える情意的影響の検証――不安と国際的志向性の観点から」『中部地区英語教育学会紀要』51, 211–218.

ミックの間の過ごし方や将来の計画，ビジョン，そういったものについて話し合いをしました。図 24 は日本人の学習者における交流の効果の結果になります。外国人との意思疎通に対する不安は統計的に有意に下がり，国際的志向の変化は統計的に有意に上がるという結果になりました。

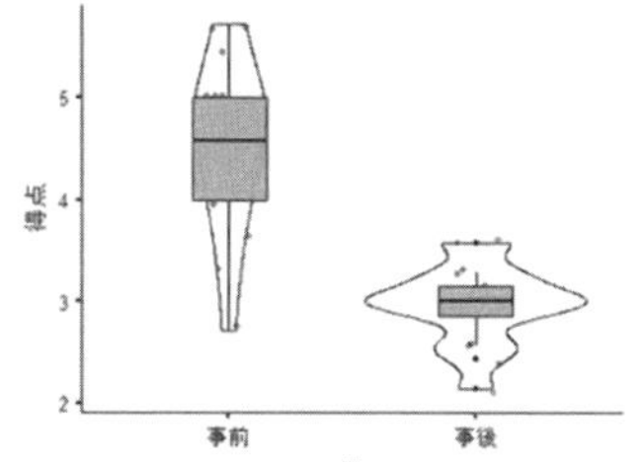

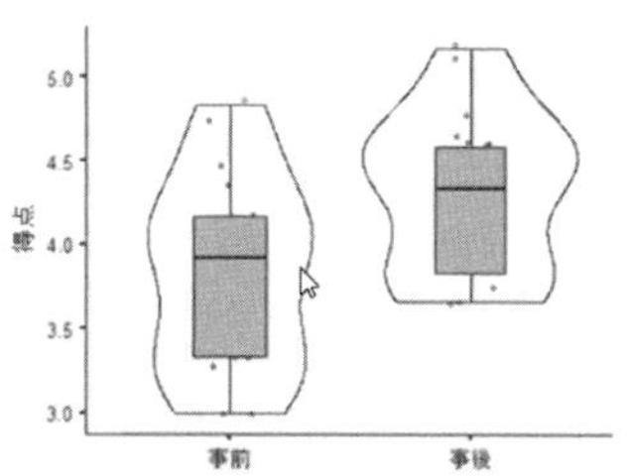

外国人との意思疎通に対する不安の変化　　国際的志向性の変化

図 24

小学生同士で交流した実践もあります。これは 2021 年の実践になりますが，日本の児童 34 名と，マレーシア，オーストラリア，ロシア，インドにいる海外の児童との交流です。[23] Mystery Skype という遊びを活用して，相手の国を当てるゲーム，そして自国文化の紹介をする活動をしました。図 25 がその時の写真です。児童たちは非常に楽しんで交流をしてくれました。児童たちの声としては，ロシアで「ドラえもん」のことを「ドラドラ」と呼んでいるとか，様々な気付きも生まれて，1 つの異文化を知るという意味でも，すごく意義のある交流になりました。結果がどういうものになったかと言いますと，スピーキングテストは有意に向上しました。英語の授業に対する好意度は，事前と中間，中間と事後には有意な差はなかったですが，事前と事後に有意差がありました。ここから，やはり 1 回だけの活動では効果が現れにくいということが分かります。繰り返しが大事であるということ，

---

[23] 小林翔・古屋雄一朗・中川右也 (2021)「小学校児童のスピーキング力向上とコミュニケーションをしようとする意思の育成を目指したビデオ通話の実践」『小学校英語教育学会』21, 4–19.

つまり，交流の機会は複数回ある方が効果的であるということです。発話の抵抗感に関しては，3 回の測定で有意差はありませんでした。こういった抵抗感は，なかなかすぐに下がるようなものではないので，交流も長期的にやる必要があるという示唆を得ました。

図 25

もう 1 つ，小学校の児童同士による交流を紹介します。[24] 日本の児童 44 名と香港の児童 23 名で，それぞれのクリスマス・デコレーションや国，そして学校の紹介をしました。ビデオ通話を通して実施しました。この研究では，児童は 2 つのグループに分かれました。1 つは，実際に質疑応答をする 22 名で構成されるグループ，もう 1 つは，交流している活動を傍観する 22 名で構成されるグループです。質疑応答には，香港の机と椅子が日本のものと違うという発言がありました。香港の小学校で使われていたのは，緑っぽい色の机と椅子だったのです。こういった小さなことにも非常に児童は興味を持つことから，英語のみならず様々なことを学ぶよい経験になったのでは

[24] 小林翔・古屋雄一朗・中川右也 (2021)「インターネットを介したコミュニケーション活動への参加条件の違いが小学生の英語スピーキング力と情意面に及ぼす影響」『日本児童英語教育学会紀要』40, 199–214.

と思っています。交流の効果の検証をしたデータの結果については，スピーキング力における変化量には有意差がありませんでした。ただし，「不安感」における変化量については，質疑応答をするグループと傍観するグループとでは有意差がありました。その他，英語を使ってコミュニケーションをしようとする態度や興味，関心における変化量については，どちらも有意差はなかったです。

ここで分かったことは，傍観グループの児童は，活動しないことによって不安感が増加したということです。だから，どの子もやっぱり活動させたほうがよいと考えられます。活動後に児童に対して質問をしました。アンケート形式で，「次回，もし同じことをやるとしたら質問グループに行きたい？それとも見ているだけのグループに行きたい？」と聞きました。そうすると，質疑応答グループの 22 名中 18 人が，また質疑応答グループに行きたいと，傍観グループの 22 名中 10 名が，次は質疑応答グループに行きたいと回答しました。

以上のいずれの研究からも，分かったのは，とにかく，どのような交流にしろ，異文化交流はワクワクするということ。なぜワクワクするかと言うと，本物のコミュニケーションだからです。本物のコミュニケーション活動というのは，やっぱりワクワクする。また，同学年程度の学習者同士のほうが，協働学習の効果があるということも分かりました。ここは結構，大事な点になります。

また，イベント的な 1 回のみの打ち上げ花火のような交流よりも，やはり複数回の交流の方が良いということも，上記の研究によって明らかになりました。持続可能な教育が大切ということです。複数回の交流がもたらす効果は，主体性を育成する，つまりメタ認知能力を育成することにも繋がっています。交流の中でのやりとりには，楽しかったけど，ここ失敗しちゃったという場合も出てきます。複数回の交流でその挽回の機会を与えるということが，主体性，メタ認知能力の育成に繋がると思います。文部科学省も，こういった粘り強く取り組み，そして自己調整をする力が主体的な学びだと言っていますが，そことも繋がる概念です。

2.7　メタ認知と振り返り

ちなみにメタ認知というのは，モニタリングとコントロールから成り立っているものです。過去や現在のことを振り返り，それらを基にして，未来に向けて，自分自身を方向付ける力です。そういった主体的に学習に取り組む姿勢を育成するにはどうしたらいいかと言うと，振り返りが効果的なのです。これは，今は評価にも入ってきているものです。

通例の評価は，たとえパフォーマンス評価であっても，何かをして，できたかできなかったかについて評価することが少なくないです。現在行われているパフォーマンス評価は，未だ行動主義心理学の枠組みから抜け出ていないように見えます。やはり，心の中から温泉みたいに湧き上がってくる，内なるものを書くような振り返り，そういったものを学習者が書き，それを教師が評価する方がよいのではないでしょうか。

ただし，振り返りをしなさいと言っても，高校生，大学生でもそうですが，自分勝手に振り返りをさせると，“楽しかった”，“面白かった”，“よかった”，“驚いた” 程度しか書けません。また，振り返りをするようにただ指示しても，何を書けばよいかわからないこともあり，場合によっては，その授業の “まとめ” のようなものを書く学習者も出てきます。当然ですが，内省（リフレクション）をするための振り返りは，授業内容のまとめをすることでも，また，それを記述することでもありません。より深い学び，あるいは，より深い振り返りをするためには，ある程度の仕掛けが必要になってきます。主体性を生むには客体が必要です。客体によって主体性が変わると考えてもいいのです。ここで注意したいのは，客体の対は主体であることから，“主体的” が必ずしも “積極的” を意味するとは限らないという点です。この客体というのが，いわゆる教師の発言や教材であったりします。

では，具体的にどうすれば良いかと言うと，KASA フレームワーク (Freeman 1989) を使うのです。[25] この KASA フレームワークを使うと，

---

[25] Freeman, Donald (1989) “Teacher Training, Development, and Decision Making: A Model of Teaching and Related Strategies for Language Teacher Education,” *TESOL*

結構，深い振り返りをしてくれます。KASA フレームワークを活用すると，何を書くべきかが分かるようになります。そのことが図 26 から分かります。この図は，24 名の高校生を対象に学期の終わりに振り返りをしてもらったものです。同じ生徒を対象に，最初は KASA フレームワークを使わず（事前），次は KASA フレームワークを使って（事後），それぞれ振り返りをして，記述されたテキストを分析した結果になります。左側は，KASA フレームワークを使わず行った振り返りで，右側は KASA フレームワークを使ったものです。全て出力条件などは同じに設定しましたが，フレームワークを活用した右側のデンドログラムは，すごく細かくなっていることがわかります。様々な表現を使って自分の気持ちをたくさん言い表しているためです。

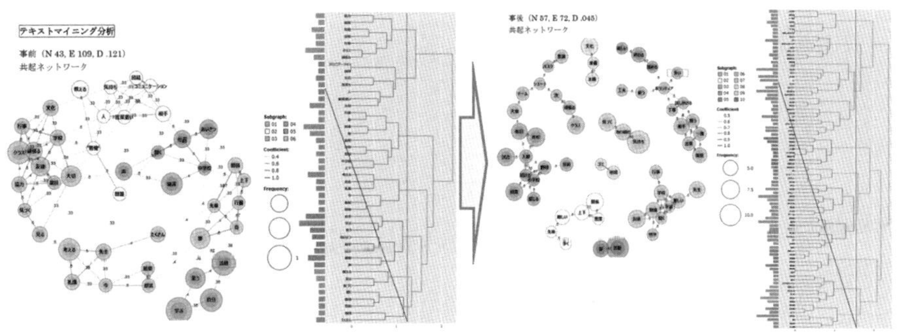

図 26

図 27 は，振り返りで学習者が使った語彙と定期試験の得点を基にした学力との関係を示したものです。KASA フレームがない左側の図は，どんな学力層も共通して出てくるような単語があるのですが，KASA フレームワークを使うと，そのような単語が消えて，それぞれの学力層に特徴的な単語が増えることが分かりました。

Quarterly, *23*, 27–45.

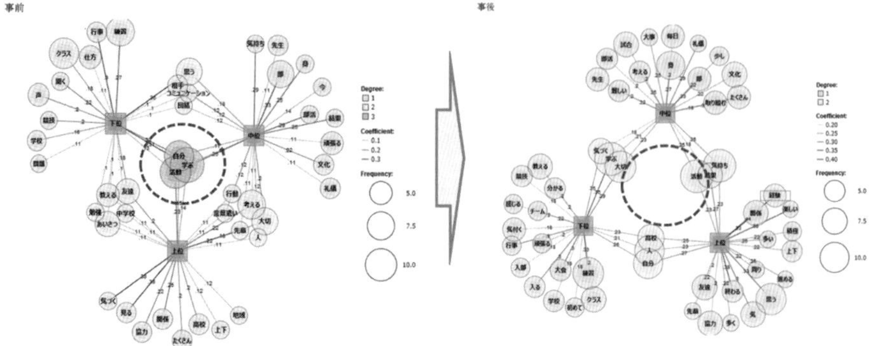

図 27

2.8　近い未来の教室

最後は近い未来の教室についてお話しをさせていただきます。前回のワークショップの吉田研作先生のお話にあったメタバース。[26] 私は，このメタバースを活用した海外との交流が近い未来の教室で起こるのではないかと予想しています。メタバースというのは，平たく言いますと，インターネットで互いが交流できる三次元仮想世界のことです。なぜメタバースなのかと言うと，どうしても二次元には限界があります。二次元では共感が生まれにくいのです。三次元にすることで，空間を共にすることができます。そうすると，同じ空間で，横並びで，近い視点から，ものを見ることができます。“共観” などを含めた感覚体験を共有することによって，共に感じる “共感” という状態に至ることができるのではないだろうかと思っています。

加えて，次のような効果もあるのではないでしょうか。現実の世界ではシャイな子であっても，バーチャル空間ではアバターを使いますので，アバターに自分を投影して積極的な自分を演じることができます。さらに，そういった意味で，現実社会でのコミュニケーションの足場掛けにもなる可能性があると考えています。シャイであるなどといった個人の特性も，バーチャ

---

[26] 第 1 章 2.6（34–36 頁）も参照してください。

ルの世界では変えられると個人的には思っています。個人の特性については，心理学の世界ではビッグ5という考え方があります。簡潔に説明しますと，色々な個人の特性――性格など――がありますが，大体5つに分けられるというものです。その特性と第二言語習得との関係は明らかになってきていて，そのうちの開放性が重要であると言われています。

開放性とは，様々な経験から学ぼうとする意識の程度を表す特性です。コミュニケーション能力は開放性と関係するとか，開放性が高いと高い英語力を身に付けられる傾向があるという研究があります。この開放性も，人のパーソナリティーを表す1つの個人の特性ですが，残念ながら，この個人の特性に関して大学卒業時の特性に現れた傾向は，一生変わらない，変わりにくいとも言われています。よって，大学生までに何とかしなければならないのです。

さて，メタバースと言うと遠い未来のことだろうと思われがちですが，実は，文部科学省でも2019年に『新時代の学びを支える先端技術活用推進方策（最終まとめ）』の中で，ARやVRを使った授業を紹介しています。学術研究では，メタバースの話は2010年ぐらいから比較的多く出てきています。ですので，本当に，この5年ぐらいでメタバースを使った海外との交流は，かなり増えてくると思います。

今日は私の理想の授業とか海外交流の実践事例を紹介させていただきました。しかし，私の話を聞いて，実現するにはどうしたらいいのか，あるいは事例のような実践をしたいけれども難しそうだという方がいらっしゃると思います。そこで最後に1つ提案したいのが「にこP」[27] です。このワークショップを主催している「ことばのまなび工房」の「にこP」が，これを実現できるものです。よろしければ，皆さんも是非「にこP」に参加されてみてはどうでしょうか。ご清聴ありがとうございました。

---

[27]「にこP」とは，ことばのまなび工房の支援で行われている教育プロジェクト「日本語を話さない人とのコラボレーション & コミュニケーションプロジェクト」。海外の学校と日本の学校をオンラインでつないで小グループディスカッションを数回実施している。2020年度から2022年度の3年間に500名を超える児童・生徒・学生が参加している。詳しくは <https://kotoba-kobo.jp/> を参照してください。

3. 質疑応答・意見交換

3.1 振り返りのためのフレームワーク

司会：ありがとうございました。最後はにこPの宣伝もしていただきまして恐縮です。では，今から質疑応答ということにさせていただきたいと思います。自由に手を挙げて発言していただいて，あるいはマイクをオンにして発言していただいてということにしたいと存じます。時間は30分ぐらいの予定にしていますので，質問のある方はなるべく早めに聞いていただければと思います。最初に私から大変申し訳ないけど質問を1つだけお願いします。中川先生の話の中にKASAフレームというのが出てきましたけど，説明がなかったので，ちょっと説明を加えていただけますか。お願いします。

中川：説明をすることを忘れていました。すみませんでした。KASAフレームワークの具体的な活用方法というのは，4つの視点から振り返りをしてくださいと提案するものです。4つの視点とは，知識（Knowledge：どんな知識を身に付けたか），態度（Attitude：どのような態度であったか），技能（Skill：何ができるようになったか），気付き（Awareness：どんなことに気づいたか）です。ちなみに，このKASAフレームワークは，元々アクション・リサーチで使われていたものです。教師が自ら成長できるよう，振り返りを通して実践をしていくにはどうしたらいいかという観点からFreeman (1989) が提唱したフレームワークになります。[28]

司会：それは毎回の授業の時に，4つの視点，知識，態度，技能，気付きのうち，例えば，知識に関して，学んだ内容に合わせて振り返りをさせる枠組みっていうことですね。その枠組みに合わせて，教師は項目立てや質問設

---

[28] 本章脚注25（94–95頁）の文献をご参照ください。

定をするみたいな形で使うんですか。

中川：その通りです。振り返りというのは時間を取ります。ただでさえ，教える内容が多くて時間がない，日頃の授業の中で，振り返りは，教育現場で行うのが難しいのが現状です。その中でも，とにかく振り返りをする時間を少しでも確保することが大切になってきます。実際に振り返りのために取れる時間は，大体 3 分前後でしょう。時間を有効に活用するために，振り返りでの質問には，この KASA フレームワークのそれぞれの項目に当てはまるものを入れるという方法で使います。そうすることによって，どのように振り返りをして，何を記述すればよいのかが分かりますので，時間が十分に確保できない場合であっても，学習者は内省することができます。

3.2　Flipgrid

奥田：すみません，お願いします。尾島先生が触れられていた件についてちょっとお伺いしたいんですけども。Flipgrid っていう教育用の SNS があってっていうお話ですが，その存在を知らなかったので，ちょっとお伺いしたいことがあります。それはなぜかというと，うちの学校はさまざまなテーマの，英語でのプレゼンを題材にしたテキスト使って，ビデオを見てそのテーマについて喋ったりとか調べたりとかしてるんです。そこで話し合いまではするんですけど人に教えるっていう経験はしてないんです。教えるっていう，つまり，何かまとめてきて，ペアでプレゼンし合うっていうのは確かにすごい効果ありそうだなっていうのがあって。それとともに Flipgrid も気になってて。これはどういうシステムなんですか。今ちょっとホームページとかちらっと見てたんですけども。教えてください。

尾島：Flipgrid っていうのは，基本的に動画を投稿してそれをシェアして，それにみんなでコメントするようなものです。まずグループみたいのを作るんです。例えば，自分とマレーシアの先生が協働してやるとしたら，自分の学生とマレーシアの学生がみんなで入るようなグループみたいなのを作る。そうすると，そのグループの中で自由に動画を投稿できるようになるんです。その動画を誰かが投稿したらそこにタイピングでコメントすることもできるし，または動画でコメントすることもできる。

だから，最初やるとしたら取りあえず全く知らない者同士なので，例えば自己紹介とか自分の大学の紹介とか町の紹介とか取りあえずやってみる。続けて，私の場合だったら国際問題に自分はこういうふうに解決したいんだみたいなそういうプレゼンの動画を投稿して他のアジアの人とかに見てもらって，実際にそれがその国だったらうまくいくのかとか，そういう話し合いを持てたらいいなと思います。仕組み的には，動画を投稿して，それに対してまた動画とかテキストとかでコメントするようなそういうものです。もともとこれは教育用の SNS ってことで開発されているので，ちょっと他の種類の SNS とは違う感じにはなっています。あと，アカウントは必要なので全員が何らかの形でアカウントを使ってログインするような形になっています。

奥田：すみません，例えばこちらでアカウント作って生徒を入れて何か動画をアップする。そうするとそれに何かマッチしたような興味，関心ある学校なり他の教育機関から連絡来るっていう形で学校と学校が結び付くみたいなふうに捉えていいんですか。

尾島：事前に教員同士で結び付いておく必要があります。だから，自分はこういうふうな関心がありますって呼びかけて，まずはその仕組みの中で相手の先生を探す感じです。もちろんもともと知り合いの先生がいるのであればその先生と一緒にやろうみたいな感じでやったほうがたぶん安心かなと思います。

奥田：ありがとうございます。

3.3　協働授業の相手を探す

司会：よろしいですか。ありがとうございます。協働授業の相手を探すっていうのはことばのまなび工房でもお手伝いしているところですので，ぜひご活用していただければと思います。相手を探すところは先生がやるわけですよね。さっきの動画をアップしたら，海外の先生が実際に探してくるというようなことも経験されているんですか。

尾島：自分はまだこれは具体的にはスタートしてないんですけど。自分の元ゼミ生がこういうことをやっていまして，そこを通していろいろこれはちょっと自分にも使えるなって感じでやっているという感じです。

司会：ありがとうございます。すみません，ちょっとその話に乗っかって。今，ことばのまなび工房でやっているにこ P── さっき中川さんの最後に話に出てきた「にこ P」── では高校と高校をつないで 3 回の授業をしようということをやってます。現在，今年の 10 月，11 月，12 月ぐらいに協働授業をやる相手を探してるところで，台湾，インドネシア，マレーシア，タイからの申し込みがありまして，日本のほうが数が足りないので，もしご興味があったら，申し込みのホームページがございますから，ぜひ先ほどの紹介のウェブサイトでご覧いただければと思います。すみません，乗っかって宣伝してしまいましたけど。他に質問とかいかがですか。伊藤さんどうぞ。

3.4　大学院でのまなび

伊藤：こんにちは。現在私は大学生なんですけども，将来，英語教員になりたいと思っています。尾島先生と中川先生のお 2 人にお伺いしたいんですけども。自分が通っている学部が教育学部ではなくて文学部なんですけども，その際に例えば大学院に行くなどして専門的な教育方法などを学んだほうがいいのか，また大学院に行くメリットはどこにあるのかをお伺いしたいんですけども。

司会：ありがとうございます。

尾島：これは，でも，ちょっと個人的に後のインフォーマルな時間で答えたほうがいいかもしれません。ざっくり答えると，やっぱりどこかの段階で例えば教育法とか，あとは英語の場合は第二言語習得理論ですね。その理論をどこかの段階で学んだほうがいいと思います。それがないと授業を作る時，支えになるものがないんです。昔の英語教員っていうのは，その支えがない状態で授業を作らないといけなかったので，自分たちが受けたような授業をそのまま展開することになっていたんです。だから，基本的には何十年も日本人は同じ教え方で英語をずっと教えてきたと思うんですけど，理論っていう支えがあれば，理論に基づいて新しい授業を展開することができます。ですので，どこかの段階で学ぶ必要があると思います。もちろん，学部を卒業してすぐに大学院入ってそういうふうにするっていう方法もあるし，1回先生になってから先生やりながら大学院行くっていう方法もあります。いずれにせよ，どこかの段階で1回やるっていうことです。それから，進学先は，文学研究科系の英語教育に進むか，それから教職大学院っていって教員養成専門の所に行くかっていう2択になってくると思うんですけど，この2つの性質がかなり異なっています。どう異なっているかっていうのは，もうちょっと時間を取ってインフォーマルに話したほうがいいかなと思います。

伊藤：ありがとうございます。

司会：中川さんからは後でご意見伺うこととして，伊藤さんどうもありがとうございました。

伊藤：ありがとうございます。

司会：私自身，今の質問にあった問題は自分の身近なことなのでその質問にすぐ飛び付いてしまいましたけど，「英語の教室で何ができるか」というのがこのテーマなので，この話題については，後で聞いていただければと思います。伊藤さん，せっかく先生方と出会ったのでぜひあとで聞いてください。[29]

伊藤：はい。

---

[29]「英語の教室で何ができるか」のシンポジウムでは，毎回，本書に掲載しているやり取りの後，インフォーマルなミーティング（二次会）を行いました。

司会：これは伊藤さんに向かってではなくてこの後のことですけど，「英語の教室で何ができるか」の題に沿って話を進めていきたいと思います。

伊藤：ありがとうございました。

3.5　ペアワークの工夫

司会：はい。奥田さん，どうぞ。

奥田：何度もすみません。さっきちょっと2つのことがごっちゃになっていて。尾島先生，もう一つなんですけど。ピラミッドの図（本章の図7）で説明されていたところで，動画内容を説明し合うペアワークをされているっていう話で。それをする時に心掛けている，こうしたほうがうまくいくとか，ティップス的なことがありましたら教えていただけたらと思うんですけども。

尾島：正直申し上げてほとんどないですね。私は小学校から中，高の授業をよく参観していて，自分は大学で教えていますけども，どの年代見ても基本プレゼンみんな好きなんですよね。小学生でも今は1人1台端末っていって，文科省が勧めているGIGAスクール構想っていうので端末を持っているんですけども，ちょっと教えただけでプレゼンすぐできるようになるんです。

基本的にクラスメートに何かをプレゼンするっていうのがそもそも好きなので，やり方だけ最初にちょっと教えてあげれば大丈夫です。大学1年生ぐらいだと何か使い方分かんないとかいうことがあるんですけど，あんまりサポートとか丁寧にやらなくても基本的には割とすっと行くようになります。だから，とにかくプレゼンをやらないといけないという形にすることです。それから，今日私のCLILの国際問題のところでは2週間に1回は必ずプレゼンがあるっていうふうに申し上げましたけども，要は何回も何回もやらせる機会与えればペアでやっている中で何かこの人すごいプレゼン上手だなとかPowerPointの作りが上手だなっていうのを学生はよく見ているんです。だから，あんまりサポートしなくてもそのグループの中でお互い観察して学んで，結構みんなやるようになります。

ペアでプレゼンさせるいいところは結局全員参加するところです。参加しろって言わなくても絶対全員参加するので，こっちはそんなに介入する必要もなくて勝手に学生が伸びていくような感じです。だから，そんなに具体的なティップスはないです。

司会：それはいいですね。横から口をはさんでごめんなさい。ペアでやるっていうのがきっとミソなんでしょうね。僕もこの夏にマレーシアに学生を連れて行くんで，今，向こうでプレゼンをするために練習させているんですけど，次からはペアでやることにします。質問ですけど，ペアでやる時に同じ人とずっとやるわけじゃないんでしょう。

尾島：じゃないです。

司会：かわっていくんですね。

尾島：はい。かわっていきます。かわっていくっていうのを学生のほうが望んでいます。学生は，教室に来たら大体同じ人と同じ場所に座ると思うんですけど，たまに，授業の最初に，今日はちょっと違う所に座ってほしいから，この列の人はどこか別の所へ行ってとかって言うと，学生は何かちょっと今日は違う人と喋れるんだみたいな感じで，ちょっとリフレッシュした気持ちで臨みます。あとは必ず2回プレゼンさせるようにしているんです。2回目は別の人っていうふうにして，この列の人は移動して別の人の所に行ってっていう形で，2回目っていうのを設けています。2回目は1回目よりも上手にやりましょうと言ったり，2回やることの意義を教えたりとかもします。

今日の中川先生の話にもあったんですけど，やっぱり繰り返しやらないと伸びないっていう面があります。プレゼンは1人が前に出てやるってなると，一人一人がプレゼンする回数が減ります。だから，1人が代表でやるっていうのは基本的には特別な機会みたいな感じです。それ以外の場合は基本全部ペアで1対1でプレゼンをするっていう形にしています。それによってアウトプットとかインタラクションの機会を個々の学生がたくさん持てるようにっていう工夫です。

司会：ありがとうございます。

3.6　動画の活用

奥田：すみません，あともうちょっとだけ。動画内容を説明し合うっていうところで，動画はどういうのを使っていてどれぐらいの長さのものですか。

尾島：動画は自分で作っています。当該の授業は第二言語習得論なんですけど，もちろん世の中探せば第二言語習得論の授業にぴったりな YouTube の動画があるのかもしれませんけど，日本人の学生が対象ですし，自分が自分の日本人英語で喋ったものが一番適当かなっていうことで自分が全部動画を作っています。

これ言うと「それ，すごい大変じゃないですか」って言われるんですけど，私自身は全然大変だとは思ってないんです。っていうのは，1 回使ったらずっと使い回せるので。ICT の活用っていうのは結局そういうところに良さがあって，最初の導入のところを頑張ったらあとはコピーするのも容易ですし，あとは何回も何回も使い回せるとか。実際私は授業中自分が説明するっていう時間を極力減らしたいと思っていて，実際そこも減らせているんです。授業の外で説明するっていうのは動画に任せているので，自分は説明をほとんどしていないんです。だから，1 年目に動画を作る労力っていうのは発生するんですけど，それを乗り越えたら 2 年目，3 年目っていうのは別に説明しなくても授業は回っていく感じです。

奥田：なるほど。ところで，先ほど尾島先生が，学生はいつも同じところに座りがちなので，違う相手にプレゼンしてもらうのに座席列を指定して移動してもらったりしているとのことでしたが，先輩教員から教わった，ランダムに生徒を座らせる方法を共有させてください。オールイングリッシュの授業で，20 人クラスでやっているんです。生徒にネームプレートをまず紙で作ってもらうんですけど，ディベートとかする時はずっと固定なんですけど，ばらばらに座ってほしい時は私が勝手に授業前，生徒が来る前にわーってランダムにそれを置くんです。そして自分のネームプレートがあるところに座るという慣習を最初から作っておくと，生徒は自然に自分のネームプレートを探し「今日はここか」という風に座ります。

尾島：すごく参考になりました。

司会：ありがとうございました。山下さんどうぞ。

山下：初めまして。ありがとうございました。私は今小学校で教えておりまして，JTE（日本人英語教員）っていう形で担任の先生と TT（ティームティーチング）をやっています。CLIL とか本物のリアルな社会に近いっていうのはすごく興味があります。例えば学校紹介のビデオを子どもたちにそれぞれのグループで作ってもらって，iPad を使って iMovie で編集して自分たちで全部字幕を付けてやるっていうプロジェクトを昨年やりました。それがすごく良かったので，また今年も引き続きそういう形で学校の魅力を伝えるっていうのをやりたいと思っているんです。

素晴らしいものができても，やっぱり学校の中でしか共有ができないので，このワークショップで話を伺っていて，例えば，それがアジアでも他の国でも見ていただけるように交流ができれば，すごく子どもたちのモチベーションになるなって思いました。公立の小学校でどういうふうにそういう伝手を探せばいいのかいつも悩んでいましたので，もしこういう方法があるよというのがあれば管理職の先生に相談したいと思いまして，ぜひアドバイスを頂けたらと思います。

司会：それは，ことばのまなび工房で紹介しています。[30] 今のところ，基本的にはこの交流を通してどういうことが起こるのだろうという研究の対象とさせてもらうことがあります。公立学校の場合，その研究の対象とさせても

---

[30] https://kotoba-kobo.jp/

らうということで費用もかからずにできるようなそういう取り組みもあります。もちろん費用を頂いていろんなサポートをするということもあります。

今，山下先生がおっしゃったことは実は切実な問題だと思うんです。日本人同士だったら，英語でプレゼンするのってやはり不自然だし，中身を知ってる人に伝えるだけではもったいない。だから，中身を知らない海外の人にも聞いてほしい。そうすると相手のほうも聞くだけじゃ嫌で自分たちのことも聞いてほしいっていうことになると思うんです。その時に，例えば僕らの世代が習ってきた英語はイギリス英語であれアメリカ英語であれ，母語話者の英語を手本・見本にしてそれをまねしましょうっていうことだったんだけど，ほんとに言いたいことがあったらそういうことにとらわれませんよね。さっき尾島さんもおっしゃっていたように，話し相手が聞いてくれるのなら話したいっていうことになると思います。交流相手を見つけるのは，ことばのまなび工房をご利用ください。後ほど連絡をさせていただきます。ありがとうございます。

山下：ありがとうございます。

3.7　なぜ英語でやるのか

司会：ちょっとじゃあ，別のことで。さっきのお話でほんとはなぜ英語なのかっていうのが 1 つのこのポイントかなと思います。反転学習も内容学習も，コミュニケーションをうまく取れるようになるということとかもそうですけど，日本語でも同じようなことをやればより自然にお互いも知れるし，社会関係もできるかもしれない。とすれば，ここでやっぱり英語でやっているっていうことに 1 つの意味がある。この点，どうでしょうか。もう一つ，中川さんの話に，今ここでやれることで最高のことを授業で扱うべきっていうのがお話の最初にあったんですけど，そこのところももうちょっと教えていただけませんか。今，ここにある何をすれば最高か，どうやって決めるのかなって思いました。そういうこともちょっと教えていただきたい。この 2 つの質問，聞いていいですか。尾島さんはさっきのなぜ英語なのかっていうことについてどう思われますか。

尾島：なぜ英語なのかっていうのを答えるためには，どの年代の話なのかっていうことを決める必要があると思うんです。ただ，どの年代の話であっても，英語だからあえてこれを聞いてみるっていう内容もあると思うんです。日本語だったら実はあえては聞かないなってことも英語なら聞くことができます。今の英語教育っていうのは基本的にはコミュニケーションを通して英語を身に付けていくっていう形ですね。今日の中川先生の話にもそういう内容があったと思うんですけど，使いながら身につけていくっていう形になっています。だから，使うっていうのは当たり前のことになってきています。

日本語の場合，実は，われわれ日本語母語話者の共同体の中では，これは聞くけどこれは聞かないっていうのが大体あるんです。だけど，英語の教科書っていうのはそれをはるかに超えてきて，これは日本語だと普通聞かないなというようなことを結構求めたりするんです。

司会：何か具体的なものとかありますか。

尾島：さっき小学校の英語が出たので小学校の英語だったら，例えばクラスメートが得意なのは何かとか，どういう習い事しているのかとか。そういうのってクラス全員がお互い知っているわけじゃないと思うんです。それをあえて聞かせることで「この人こういうことをやってるんだ」とか「この人はこんなすごい特技あるんだ」とかがわかって，それでお互い知り合うことってできるじゃないですか。大学1年生とかになると全く出身地域とかも全然違いますから，そういうことをオープンに語り合うだけでも意味があると思うんです。それを日本語でやったらもっとそれは分かり合えるかもしれませんけど，そもそもそんなことって日本語じゃやらない。そういう時間が日本語だとないんです。

あえて英語の学習だからそこをやってみようっていうふうに持っていくと，実はそれをやることによって，「君ってそうだったんだ」とか「そういう趣味あったんだ」とか「自分とこういうこと似てるな」とか「こんな面白い人いたんだ」みたいなことが教室の中で生まれてきます。自分はそこが面白いと思っているので，そういうのが，英語でできるコミュニティづくりとか人間関係づくりとかですね。自分は，英語の先生方っていうのはそういうのを取り入れながら，コミュニティづくりをやっていくっていうのがいいんじゃないかと思っています。だから実は，英語でのやり取りには，特にグローバリゼーションへの対応とかっていうのは含まれていないと思うんです。

私が滋賀県にいた頃は──滋賀って海に面してないので琵琶湖のことを海って言ったりするんですけど──海外に近いわけじゃないんです。今いる横浜だと結構開けているんですけど，滋賀県って海から離れていますので。そこのかなり田舎の小学校とかで何で英語をやるのって言われたら，グローバリゼーションって言ってもちょっと遠いんです。だけど英語を通してみんなと仲良くなれるんだったら，何でそっちをやらないのっていうことになると思うんです。楽しくやって，みんな仲も良くなってお互いのことを知れるんだったら，それはそれでいいんじゃないかなと思います。

司会：ありがとうございます。今の面白いですね。何か新しい方向性が見えたっていうか，良いことを聞かせていただきました。わざわざ日本語だったらやらないような，不自然っていうか，聞いたら嫌らしいっていうか，あらためて何だよみたいなことも，英語だったら聞けるっていうことですよね，基本的には。

尾島：そうですね。

司会：だから，日本人同士で英語を使うということにも意味が重要ですね。ちゃんと聞きたいことを聞いて，伝えたいこと伝えるために英語を使うことが大切ですね。

尾島：そうですね。自分もそう思います。そこに意味が生じるように持っていくっていうことですよね。だから，コミュニケーションを取らないといけないっていうのは当たり前のことで，そんなことはもう議論の対象じゃないっていうか，そこは絶対やんないといけない。なので，英語を使った意味のあるやり取りにどういう意義を見いだすかです。実際やれば自分は意義が生まれてくると思うので。

特に1年生とかだと，まずは大学入ってきて友達もいない。そこでとにかく喋ってみようと。ペアだろうがグループだろうが喋ってみよう。そこでちゃんと自分の名前を言って「こういうサークルに属している」とか「趣味はこれだ」とか「出身はこれだ」とか，お互いそういうことを理解することによって「そうなんだ」「何か面白いなこの人」みたいな感じで人間関係が深まっていったり広がっていったりするってところが，英語の授業の面白さだと思うんです。

司会：それは面白いですね。中川さんに同じ質問をさせてください。「なぜ英語か」っていう話なんですけど。

中川：ありきたりな答えになってしまうのですが，やっぱり多種多様な人と交流ができるっていうのが大きいですね。前回のワークショップでも大津先生がおっしゃっていましたけど，外国語を学ぶことによって自国の文化とか言語にも気付きが生まれると思うんです。私自身カリフォルニア大学バークレー校で学んでいた時に，いかに自分の文化を知らないのかっていうことを思い知らされました。それに，言語について知らないというのも思い知らされました。比較対照できるからこそ気付くというのがありますよね。そんな意味でも多種多様な人と交流ができるというのは大きいです。ただし，日本人同士の英語には意味がないのかと言えば，そんなことはなくて，気付きが生じる場面を与えてくれます。

それに，英語を喋ると──私なんかは特にそうで，先生方の中にもいらっしゃるかもしれませんけど──日本語の時と性格が変わることもあると思うんです。身近な例で言うと，奥さんに「愛してるよ」とは言いづらいけどI love youなら言える。「ありがとう」って日本語では言えないけどThank youなら言えるとか，何かそういうのもあったりします。そういった自分の個別の特性なんかを少しずつ変容させていくことも可能ではないかなと。

あとは，やはり情報ですね。今は情報化社会と言われていますけれども，ウィキペディア1つ見ても，日本語のウィキペディアと英語のウィキペディアでは情報量が全然違います。最近私はこの情報格差が英語教育，もっと言うと日本の教育の遅れの原因ではないかなというふうに思っています。今もてはやされているアクティブ・ラーニングでも，約 40 年前のアメリカでやってたことなんですよね。アクティブ・ラーニングなんかはずっと前からあるんです。そういった情報の遅れというのはやっぱり日本人が英語で情報収集することが苦手だからではないかなというふうにも思っています。

2 つ目の質問の「今ここでやれることで最高のことを授業で扱う」ことについてです。まさに今ここ，5W1H の授業なのですが，分からないから私は探究しています。1 回も実現したことがないからこそ，その実現は夢ですね。

司会：でも僕らは今のこの時間は他のことができないわけですね。だからいつも 1 つのことをやっている。やっぱり，無意識にせよ何かを一番いいと思ってやっているってことですよね。さっきのお 2 人の話にちょっとだけ加えると，やっぱり英語で話したりとか聞いたりして，そこで分かる内容はすごくいいっていうこともあるんだけど，それだけじゃなくて，英語を使っている時の，英語を使うことそのものが面白いみたいなところもあるでしょう。そういうことってすごく大事じゃないかなと思う時があるんです。日本語で話すのはもちろん自然なんだけど，自分が外国語として使えるものを使ってコミュニケーションを取っている時の面白さというか，入り込んでいる面白さみたいなところもあるんじゃないかな。尾島さんの最初のところで，心とことばをつなぐっていう話ありましたけど，それと関係あるのかなと思って今ちょっと付け加えました。すみません。奥田さん，どうぞ。お待たせしました。

奥田：すみません，何度も。今のお話なんですけども。私も高校 1 年生と 3 年生の授業を，少人数でネーティブ教員とのティームティーチングで，全部英語でっていうのをずっとやっています。1 年生はテーマ設定をしてそれを英語で喋るっていう形です。最初は見知らぬ者同士なので，いけると思うんです。例えば中川先生がおっしゃったみたいに，国外の人に自国のこととか自分たちの文化を伝えようという動機があれば頑張って英語を使ってっていうのももちろんあると思うんです。ただ，困るのが 3 年生で「何かテーマについてディスカッションしよう。でも，英語でやってね」っていうことをやっているんですけど，そのときにどうしても日本語母語の人間ばっかりがほぼなので必然性がないんですよね。日本語で語り合えることをなぜわざわざ英語でって。英語の練習になるからって言うこと以上にうまいこと言って動機付けてあげられないんです。そういう状況でたまに帰国子女で英語のほうが得意な子がいるグループだと，結構みんな英語で頑張って話したりするんですけども，日本語のほうが流ちょうだよね，よく喋れるよねっていう子ばかりのグループはやっぱりどうしても日本語でやっちゃっているんです。そういう状況の場合はどうしたらいいのかなっていう何かアイデアとかあったら教えていただきたいと思うんですけど。

司会： 僕が喋っちゃっていいですかね。本物っていうか，例えばさっきの国際協力の話とかであれば，最終的にそれを何回かやって最後に外国の人が話すチャンスをつくればいいんじゃないですか。やっぱり最終的にどこかで自分の意見を誰か英語でしか伝わらない人に伝えたいっていうようなステップを考えるのがいいと思います。そうすると最終的にはつながるんじゃないかなという感じはあります。

例えば，中学生とか高校生とか大学生もそうなんですけど，昨日食べたもののような話題を出すと I ate oden とか言うんです。「ちょっと待って，おでんじゃ通じないでしょ」っていうようなことがあるんです。そういうところがやっぱり日本人同士だと限界があるかなと思ったりします。あるいは発音もやっぱり「ス」「ト」「ラ」「イ」「ク」とかって言ってたら通じないっていっても，なかなか実感がわかない。他の人と話してみる時に通じなかったら言い換えをするとか，そういうような練習も必要ですよね。ある程度以上のところになったら必要になってくるんじゃないでしょうか。言い換えて相手に伝えるというようなことは，日本文化や日本語を共有していない人とのコミュニケーションを経験しないと難しいところもあるような気がします。今チャットで柴田さんが下のようなことを書いてきてくださいました。

> 個人的経験です。教養教育の英語の授業で，クラスメートに質問して，教室でデータを集めて，短い英作文を書くというアクティビティ

をしています。学生の授業評価アンケートではほぼ毎回ポジティブなコメントが書かれています！「このアクティビティで友だちできました！」と言うのが最も頻繁に書かれているコメントです。

基本的にはやっぱりことばを使って面白いっていうようなことをさせるっていうことが一番大事なのではないかなと思います。柴田さん，もしそれについて何かあったら加えてもらえますか。

柴田：なるべく教員が頑張らず，学生に頑張ってもらう。私が担当する教養教育の英語コミュニケーション科目では，Classroom Survey というアクティビティをやっています。まず，同じ質問，もしくは類似の質問をクラスメート全員に尋ねます。そして，回答に応じて，追加の質問をひとつします。次に，集めた回答を分析して，何か傾向があるかを考えて，それを英語でまとめます。まとめを書くとき，学生は段落の構成や APA スタイルに留意することが求められています。このタスクは，話すスキルと書くスキルを使って，ちょっとしたプチ研究論文の練習です。このタスクは，毎年，第 1 タームの講義で，テーマを変えてほぼ毎回の授業でやりますが，学生にはとても評判がいいです。講義が終わった後で実施する授業評価の自由記述欄に，4 月の初めは入学したばかりでまだ友達はいないし，他の講義ではお互い話をしないので，英語コミュニケーション科目の授業で友達できましたというコメントがよく書かれています。こういうアクティビティは学生が楽しみながら英語を使っているという感じです。

司会：ありがとうございました。今の話聞いても，やっぱり初めて会う時，コミュニティづくりのために英語を使うっていうのは有効だというのはそうなんですね。奥田さんの話は，もう知り合い同士の高校生で何をどう英語でディスカッションするように持っていくかという話なので，そこで英語でやるとしたら，やっぱり誰か英語でしか伝えられない相手に英語で話すっていうのをどこかにもってくるととても効果的になるんじゃないかと考えましたがいかがでしょうか。皆さん，今日もどうもありがとうございました。

第 3 章

柴田美紀・冨田祐一

第 3 回には，2000 年前後には第一線の第二言語習得研究を行い，現在は，英語教育に直結した研究を行っていらっしゃるお二人を講師にお招きしました。お二人に共通しているのは，合理的で前向きで熱い語り口と「国際語としての英語」を研究・教育されていることです。柴田先生は，英語を母語としない学習者・教師・言語使用者と英語の関係の専門家で，冨田先生は，外国語教育政策を中心にした英語教育の方向性に関する研究の専門家です。このワークショップでは，お二人に，様々な視点・論点から「英語の教室で何ができるか」に迫っていただきました。

1. 言語観を磨く

柴田 美紀

Ph.D.（アリゾナ大学）。広島大学教授。リンガ・フランカ（共通語）としての英語使用者の育成という見地からの英語教育，英語学習研究やアジアにおける英語教育，英語教師の信念や英語学習者のアイデンティティの問題を研究対象とする。2018年4月の新設時から留学生と日本人学生が共に学ぶ広島大学総合科学部国際共創学科で教え，かつ真のグローバル・キャンパス実現を目指す企画の提案および実践に尽力している。『ことばの不思議の国 ── 言語学の魅力がわかる本』共編著（丸善出版，2020年），『英語教育のための国際英語論 ── 英語の多様性と国際共通語の視点から』共著（大修館書店，2020年）など，多くの著書・論文がある。

1.1 はじめに

連続ワークショップの3回目は「言語観を磨く」というタイトルを付けました。若林さん（司会）から講演のお誘いがあった時，二つ返事でお引き受けしました。しかし，子どもの頃から周囲の大人たちに天邪鬼子と呼ばれていた私は，「英語の教室で何ができるか」というテーマ自体に疑問が出てきました。「なぜ，英語の教室なのか」「英語の教室で何かできるようにしないとダメなのか」まずはこれらの疑問に回答しないと先に進めません。本題からずれたところで疑問を持つと先に進めない性分は子どもの頃からで，例えば，小学校1年生の授業参観で算数の時間にこんなことがありました。先生が「この問題は誰々さん」のように生徒を指名して，名前を呼ばれた生徒が次々と黒板に向かっていきます。運悪く私も指名され，私に課せられた問題は「2 分 = ＿＿秒」でした。他の生徒は易々と解答を書いて，自分の席に戻っていきます。しかし，私はすぐ下線に解答が書けず，チョークを持ってずっと黒板の前に立っていました。うちに帰ると，「なぜ，あんな簡単な問題が分からないの」と授業参観に来た祖母が呆れていました。本当は答えが分からなかったわけではなくて，「なぜ，1 分が 60 秒なのか」を疑問に思い，悩んでいたのです。

別のエピソードとして，私の通っていた高校では，数 II までやらなくてはいけなかったのですが，私は本当に数学ができなくて，ある日ぼそっと「数 II ができなくても買い物できるだろう。何でやらないといけないのか」とつぶやきました。最前列の席に座っていたので，このつぶやきは数学の教師の耳にしっかり聞こえていたはずです。もうひとつお付き合いください。高校 1 年の夏休み明けに初めての実力テストがあった時のことです。「実力テストなのに，なぜ出題範囲があるのかな」と思いながら，夏休みは思う存分遊んで実力テストを受けました。結果は 450 人中 375 番でした。今でも実力テストに出題範囲があるのは解せません。実力とは本人が持てる力を指すのであれば，実力テストという名称で準備したものをテストするのは詐欺です。

少し前置きが長くなりましたが，このような性分の私は，今回もまずは自分の疑問を解決するため，「英語の教室で何ができるか」のテーマをあれこれ考えて，自分なりの解釈をしました。その結果，「言語観を磨くために」英語の教室でできることに焦点を当てることにしました。図 1 は発表のスライドですが，あえて「英語の教室で」の文言を薄くしました。

何のために「英語の教室で何ができるか」を考えるの？

言語観を磨くために英語の教室で何ができるかを考えたい

図 1

これは言語観を磨くのは英語の教室に限定されないからです。そして，言語観は英語教育だけでなく，言語教育，ひいては教育そのものに関わってくる重要な課題です。

では，言語観とは何か。専門的な定義を話し出すと，歴史や政策などから紐解く必要があって，このテーマだけで延々と話が続きますので，今回はことばの捉え方，ことばに対する感覚あるいは感じ方という意味合いでご理解ください。なお，言語観については，『これからの英語教育の話を続けよう』に収録されている，仲潔氏の「第 14 回言語観あるいは言語感について」がお薦めです。[1]

1.2 思い込みに揺さぶりをかける

昨今，日本の英語教育でも多様な英語を考慮する必要性が言われています。しかし，現場の先生は「様々な英語があることは理解できるけれど，それでは教室ではどの英語を教えればいいのか」という問題に直面することになります。

教えるためにはカリキュラムというものがあって，そのカリキュラムには大きく分けて 2 つのゴールが考えられます。言語面からの「言語規則を理解する」というゴールと，社会文化的側面からの「多様な英語を知る」という

[1] https://www.hituzi.co.jp/hituzigusa/2019/01/29/letstalk-14/

ゴールです。英語教育で英語コミュニケーション能力が重視されるようになると，コミュニケーション，特にスピーキング能力を向上させるためのアクティビティに多くの注目が行くようになりました。しかし，コミュニケーションには文の理解や産出をするための目標言語の言語知識が必要です。[2] 英語学習は，習字を習うことに似ています。習字はまずお手本にならって練習をして自分なりに形を習得していき，慣れてくると少しずつ崩していって自分の筆の使い方や書き方ができるようになると思います。このように，英語学習にも基礎を学ぶためのお手本は必要です。

その一方で，お手本の英語だけが正しいと信じて，お手本以外の英語を容認しなくなってしまうのは危険です。そこで，2 つ目のゴール「多様な英語」の登場です。日本語でも，例えば名古屋弁とか広島弁とかいろいろ方言があります。私たちはそれらを大枠のところで日本語として捉えています。これと同じことが英語にも言えて，英語と言っても様々な英語があります。アメリカ英語やイギリス英語以外にも，その国や地域で生まれた独特の英語が存在します。英語教育において，この現実に生徒の目を向けることは必須です。したがって，教室の外ではお手本以外の多様な英語が使われているという認識と，そうした英語を容認する言語態度の涵養もカリキュラムに取り入れられるべきなのです。

上述した 2 つのゴールに加え，カリキュラムには学習者のゴールやニーズが考慮されることが重要だと言われています。しかし，必ずしも学習者自身が自らの英語学習のゴールやニーズをはっきり認識しているとは限りません。私が担当している教養教育の英語コミュニケーション科目の初回の授業で「なぜ，英語を勉強していますか」と必ず学生に質問します。すると，学生からの回答は，毎年ほぼ間違いなく次のどれかです。「英語は国際語だから」「英語ができれば世界中の人と友達になれる」「海外旅行で困らないため」。

毎年，通り一遍の同じ回答が出てくるのは，学生たちにとって英語学習の

[2] これはコミュニケーションと切り離して，文法や語彙を教えるということではありません。

動機はこれら3つしかなくて，そのうちのどれかが自分にも当てはまると思いこんでいるからかもしれません。そこで，こうした均質的な英語学習のゴールやニーズを内省し，あらためて英語学習の意義を考えるきっかけ作りとして，学生たちのもっと本質的な思い込みに――これは岐阜大学の仲潔氏のアプローチですが――揺さぶりをかけてみます。

どんなところを揺さぶってみるか。今回は3つ紹介します。まず，「言語の名前と国の名前は一致するのか」つまり，国と言語の関わりから揺さぶりをかけてみます。2つ目は，英単語にこんな意味はないという判断に対して，言語の創造性という点からの揺さぶりです。最後にネイティブ・スピーカーの英語は認めるけど，ジャパニーズ・イングリッシュは躊躇するという，いわゆる言語態度に関わる揺さぶりです。それでは，私が授業で実践していることも紹介しながら，3つの揺さぶりについて説明していきます。

まずは「ひとつの国にひとつの言語」という思い込みです。私は学部と大学院の専門科目以外に，教養教育の英語コミュニケーション科目を年間5つ担当しているのですが，毎年，その授業で必ず行うタスクがあります。アメリカ，日本，スペイン，スイス，ベルギー，オーストリアの6か国を取り上げて，学生に「これらの国で使用されている言語は何ですか」という質問をします。日本は日本語，アメリカは英語，スペインはスペイン語。ここまで学生は順調に解答していきます。しかし，スイスになると「スイス語ってないよね」。「ベルギーはベルギー語か。でも，ベルギー語ってあるの」。「オーストリアはオーストリア語ですか」と真剣な顔をして聞く学生もいるので，思わず「うーん」と唸ってしまいます。

しばらくして，それぞれの国で使用されている言語について解説します。アメリカは，よく使われている順から英語，スペイン語，中国語です。スペインは，スペイン語が国の公用語で，それに加えて，カタルーニャ語（あるいはカタルーニャ・バレンシア語），ガルシア語，アラン語，バスク語が州公用語になっています。スイスはドイツ語，フランス語，イタリア語，ロマンシュ語の4つが公用語です。ベルギーはフラマン語，フランス語，ドイツ語の3つ，オーストリアはドイツ語です。ここで，これら3か国でドイツ語が使われていることに注目です。私のスイス人の友人とドイツ人の友人によれば，スイスのドイツ語 (Swiss German)，ドイツのドイツ語 (German German)，オーストリアのドイツ語 (Austrian German) は違うそうです。日本人にとっては同じドイツ語ですが，ところ変われば，その社会にいる使い手のニーズや社会・文化的価値観等が反映されて変容し，独自のドイツ語として機能しているわけです。国 = 言語という思い込みがある学生にとって，3 つの国でドイツ語が使われ，かつそのドイツ語が全く同じではないという実状は新鮮な驚きでしょう。

ひとつの国で複数の言語が使われている様子が分かるように，授業では図 2 にある分布図を見せます。[3] スイス，ベルギー，オーストリアは使われている言語によって地域が色分けされています。以下に記載されている図でははっきりしませんが，授業で使う分布図からは，ひとつの国で複数の言語が使われていても，色分けを見ると使用人口に違いがあることが分かります。例えば，スイスではドイツ語，フランス語，イタリア語，ロマンシュ語が使われていますが，ロマンシュ語使用者は少数です。また，同じ言語でも国が違えば，その使用人口も異なっています。スイスとベルギーではドイツ語が使われていますが，スイスではドイツ語使用者がかなり多いのに対し，ベルギーでは少数です。スペインの地図は言語の分布ではなく自治州によって色分けがされています。そこに州公用語であるカタルーニャ語，ガルシア語，バスク語の記載があり，それらが使われている自治州が分かります。[4]

[3] スペインとオーストリアは，それぞれ，http://spanishlinguist.us/2013/05/language-education-policy-in-spain/ および https://vividmaps.com/dialects-of-austria/amp/ から引用。スイスとベルギーは Wikipedia からの引用。

[4] アラン語の記載がないので，学生には自分で検索してごらんと指示しています。

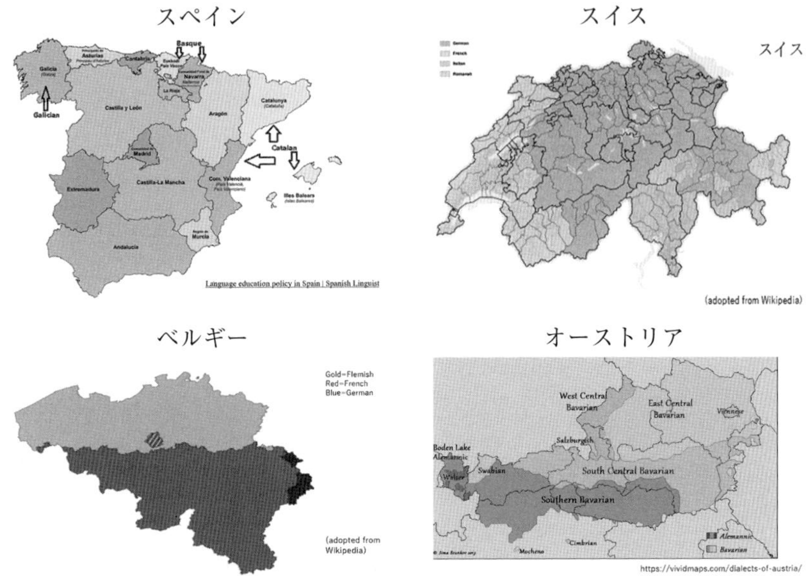

図2

このタスクを通して，学生は必ずしも国と言語は一対一の対応でないことに気がつきます。そして，この気づきから，学生がひとつの国に複数の言語がある理由に興味を持ち，社会的・歴史的背景や言語政策について自分から調べてくれることを期待しています。実は，このタスクを実践するようになった背景には私自身の体験があります。中国からの留学生の指導教員になった私は，彼女と初めて面談をしていた時，母語の話になりました。彼女はとても流暢な日本語で「私の母語は朝鮮語です。中国語は第二言語として勉強したので，中学校の時，あなたの中国語は違う，ちょっと変だと言われることがありました」と話してくれました。彼女のこの発言が，中国＝中国語という私の思い込みに揺さぶりをかけ，中国における言語事情に興味を持つきっかけとなりました。

タスクの解答をする時に公用語の話もします。「日本で普段使われている言語は日本語ですよね。アメリカは英語ですよね。じゃあ，日本の公用語，アメリカの公用語は何でしょうか」と聞きます。するとほぼ100％「日本語です」「英語です」という解答が返って来ます。そこで，「実は日本語も英語もそれぞれ日本，アメリカにおいて法的には公用語になっていない」という話をすると，大半の学生は意外そうな顔をします。しかし，それ以前の問題として，日本人大学生は「国家語」や「公用語」ということばにあまり馴染みがないようです。これまで，日本＝日本語というイデオロギーにさらされ，何の疑いもなくそう思い込んで来たので仕方がないのかもしれません。この状況を踏まえて，言語教育の一環として国家語や公用語など社会における言語の（政治的）役割について考える取組みが不可欠だと痛切に感じます。

それでは，次に言語の創造性から学生の思い込みを揺さぶってみましょう。次の表現を見てください。[5]

1. ［フィリピン英語］
   a. *comfort room*
   b. Sorry I'm late, it was so *traffic*.
   c. Why are you so *high-blood* again?
2. ［インド英語］
   a. Her *face-cut* is very impressive.
   b. Mr. Bajej is the *whole sole* in this factory.
   c. This is a *match box*.
3. ［ナイジェリア英語］
   a. *White-white*
   b. to *paste*
   c. *Katakata dey inside we country*

これらは歴とした英語ですが，どんな意味で使われているか分かりますか。授業では，まず学生にこれらの表現の意味を想像してもらい，しばらくしてから，答えを見せながら解説していきます。フィリピン英語の comfort room はトイレのことです。2 つ目の文にある traffic は，道が混んでいると

[5] 例の出典：Kirkpatrick, Andy（2007）*World Englishes: Implications for International Communication and English Language Teaching*. Cambridge University Press.

いう意味で使われていて，遅れた理由を説明しています。次の high-blood は怒っている状態を表しています。怒ると血圧が上がるので，転じて angry という意味になったのでしょう。次にインド英語ですが，斜字体の単語に注目してください。face-cut は profile，the whole sole は boss，a match box は an empty box の意味だそうです。私たちが学習した意味からはとても想像できません。では，ナイジェリア英語を見てみましょう。まず，white-white は小学生が着ている白いシャツを指します。次の to paste は「歯磨き粉で歯を磨く」あるいは「顔を洗う」という意味の動詞です。親が子どもに向かって「Go and paste right now!」と言う場面が想像できます。3つ目は，ナイジェリアの社会言語学者であり詩人の Tope Omoniyi 氏がナイジェリア・ピジン英語で書いた詩の最初の一文ですが，現地語と英語が混ざっていて，意味がよく分かりません。いわゆる標準英語で表現すると，There's disruption in our country となります。

これら3種の英語の中で，フィリピン英語は比較的学生の正答率が高いのですが，インド英語やナイジェリア英語の意味を推測するのは難しいようです。このアクティビティが学生の英語観に揺さぶりをかけ，英語と一括りにしている言語が国によって独自の英語になり，慣れ親しんだアメリカ英語やイギリス英語が必ずしも世界の共通語としての英語ではないことに気づいてほしいと思います。

こうした例を見ていくと，みんなが必ずしも同じ英語を使っているわけではなくて，国や地域によって違う英語があることが分かります。英語がいかに多様であるかをもっと知りたい方はコーパスがお薦めです。ICE (International Corpus of English)，GloWbE (Corpus of Global Web-Based English)，VOICE (Vienna Oxford International Corpus of English)，ELFA (English as a Lingua Franca in Academic Settings)，ACE (Asian Corpus of English) などがあります。私はコーパスの専門家ではないので，紹介だけにとどめておきます。[6] コーパスを見ると英語の多様性が分かりま

[6] それぞれのコーパスについては，『英語教育のための国際英語論 ── 英語の多様性と国際共通語の視点から』(柴田美紀・仲潔・藤原康弘，2021年，大修館書店) に収録されてい

すが，興味深いのは異なる英語にも共通する特徴があることです。

1.3　お手本としての英語

先ほど，お手本としての英語というお話をしましたが，ここで「じゃあ，どんな英語，どの英語，誰の英語をお手本にしたらいいのですか」という質問が出るはずです。そして，「標準英語をお手本としましょう」と言うのは簡単ですが，今度は具体的に標準英語とする英語を決めなければなりません。そうすると，現存する多様な英語の中から選ぶことになります。実はこれが非常に厄介な選択です。汎用性の高さからアメリカ英語やイギリス英語に白羽の矢が立つと，きっと異論が出て議論を呼んでしまいます。そして，その議論は堂々巡りです。ここで私は標準英語の中身について論じるつもりはなく，お手本とする英語が英語教育・学習には不可欠だということをお分かりいただければと思います。

私的な見解として，英語の言語規則や基本的語彙を教えるためにアメリカ人やイギリス人が標準と見なす英語[7] を教えることに異を唱えません。問題となるのは，お手本の教え方や伝え方，つまりどういう表現を使って導入するのか，説明するのかです。なぜ，ことば選びかと言うと，教師のことばや表現が，ネイティブの英語が正しい，ネイティブの英語を習得しなければならないという英語イデオロギーに迎合し，学習者のネイティブ神話の感覚を助長してしまうかもしれないからです。かつては「ネイティブはこう言いますよ」「ネイティブはそんな言い方はしない」という言い方をされる先生がいらっしゃいました。こうした言い方はまさにネイティブ偏重を促してしまうので NG です。

る，藤原氏の「英語の多様性と共通性」(pp. 67–84) の章をご参照ください。

[7] 例えば，Edgar W. Schneider が編集し，2008 年に Mouton de Gruyter から出版された *Varieties of English 2: The Americans and the Caribbean* の音韻論の章では General American と Standard American English という用語が出てきます。前者は中西部（おおよそオハイオ州西部からネブラスカ州，ミズーリ州あるいはカンサス州からカナダの国境辺りまでの地域）の英語を指し，後者は特定の地域や社会的階層の音韻的特徴を基準としない英語という説明があります。

しかし，実際には教室の外でも私たちはネイティブ神話にさらされています。例えば，某航空会社の季刊誌には英会話に役立つ表現を紹介するコーナーがあって，そのタイトルが「脱ジャパニーズ・イングリッシュ」でした。毎回，こんな場面ではこんな表現が使えますよと色々な表現を紹介してくれるのですが，その紹介に使われている文言が問題でした。日本人英語話者が言いそうな（あるいは実際に言う）表現が誤例文として記載されていて，その下に「ネイティブならこう言うネ！」という吹き出しつきで，正しい表現が書かれています。確かに記載されているジャパニーズ・イングリッシュの例文には「はあ？」と思うものもありますが，それでもあまりにはっきりと間違いの烙印を押されてしまうと，「ジャパニーズ・イングリッシュはダメなんだ」という誤った思い込みにつながります。ネイティブの言い方を学習して使いたいという個々人の思いは否定しませんが，同時にジャパニーズ・イングリッシュを否定する言語態度が生まれることが怖いのです。私たちは言語とその話者に対して，特定の言語態度を持っています。学生も同様です。そこで，今度はこの言語態度の揺さぶりについてご紹介します。

1.4　言語態度を探る

図3は言語態度をチェックする質問紙です。学生に自身の言語態度を認識してもらうため，この質問紙を使ったタスクを英語コミュニケーション科目の授業で実践しています。スピーカー1からスピーカー5まで5人の英語を一人ずつ聞いて，質問項目に回答していきます。スピーカーの出身を予想し，2から5の項目は最も当てはまる数字を1から6の中から選びます。1は「そう思わない」，6は「そう思う」を表しています。6つ目は，スピーカーがネイティブか否かを判断する項目です。

＜ワークショップの時にはここで音声が流されました＞

	(1) Where is she/he from?	(2) Is her/his English Comprehen-sible?	(3) Is she/he fluent in English?	(4) Does she/he sound intelligent?	(5) Do you want to be friends with her/him?	(6) Is she/he a native speaker of English?
Speaker 1		1-2-3-4-5-6	1-2-3-4-5-6	1-2-3-4-5-6	1-2-3-4-5-6	Yes・No
Speaker 2		1-2-3-4-5-6	1-2-3-4-5-6	1-2-3-4-5-6	1-2-3-4-5-6	Yes・No
Speaker 3		1-2-3-4-5-6	1-2-3-4-5-6	1-2-3-4-5-6	1-2-3-4-5-6	Yes・No
Speaker 4		1-2-3-4-5-6	1-2-3-4-5-6	1-2-3-4-5-6	1-2-3-4-5-6	Yes・No
Speaker 5		1-2-3-4-5-6	1-2-3-4-5-6	1-2-3-4-5-6	1-2-3-4-5-6	Yes・No

図 3

1 番目はスペイン，2 番目はパプアニューギニア，3 番目はタイ，4 番目と 5 番目はともにアメリカの出身です。しかし，5 番目のスピーカーをアメリカ出身と回答し，ネイティブと判断する学生はほとんどいません。アメリカ南部の出身である彼女の英語は，学生がこれまで耳にしてきたアメリカ英語とは全く異なるからです。一方，4 番目のスピーカーはハワイの出身で，学生は彼の英語をアメリカ英語と認識し，比較的すぐに彼はアメリカの出身でネイティブと回答します。項目 6 の結果は，4 番目以外のスピーカーは全員ノンネイティブという判断です。項目 2 から 5 ですが，ほぼ毎年学生の判断には類似の偏りが見られます。ネイティブと判断した 4 番目のスピーカーにはどの項目も 6 に近い数字を選び，一方でノンネイティブと判断したその他のスピーカーは 4 番目に比べると低い数字を選ぶ傾向があります。

ネイティブ，ノンネイティブにかかわらず英語話者の言語態度を測るため，これまで多くの研究で，類似の質問紙が使われてきました。私の授業で使うのは，かなりの簡易版です。そして，異なるスピーカーが話す英語を聞かせる教材も性別や年齢を考えていないので，それらの要因が学生の判断に影響することは否めません。しかし，このアクティビティの目的は，多様な英語があることを知り，異なるスピーカーの英語を評価することで，自分がどのような言語態度（先入観，ステレオタイプ）で判断しているかに気づくことです。特に，アメリカ英語は州によって異なること，母語によって英語の発音が異なること，ただしそれは必ずしもコミュニケーションの妨げにはならないことを学んでほしいと思います。

言語態度というのは目に見えないので，実は知らないうちに私たちは言語態度に基づいて発言やコメントをしていることがあります。図４を見てください。

普段の何気ないコメントですが…

1. （柴田が「くつ」と言った瞬間をとらえて）柴田さんって東京出身じゃないってわかるよね。
2. （オーストラリアの留学から帰国した日本人学生の発言）先生、オーストラリア人の英語って訛ってて、最初分からなかった。
3. Aさんってアメリカ出身なのに、英語のネイティブに聞こえないよ。
4. あら、日本語がお上手ですね。（おはようございますって言っただけなのに…）
5. Bさん（アメリカ人）の日本語ってやたら丁寧だよね。TPOを考えて日本語使ってほしいわ。

その裏にある言語態度は？

図４

１つ目は，私がオハイオ大学の修士課程の学生だった時のことです。その時，私を含め６人の日本人大学院生（いずれも日本語母語話者）がティーチング・アシスタント（TA）として日本語を教えていました。私以外は全員が関東出身でした。ある日，みんなで話をしている時，私の発話を聞いたTAの１人が「柴田さんって東京出身じゃないって分かるよね。だって，靴のアクセントが違うから」と言いました。これを聞いた私は「だから何なの？！」とちょっと不愉快でした。不愉快に感じた理由は，私が彼女のコメントに「私は東京出身，でも柴田さんは違う」という優越感を感じてしまったからです。言った本人にはそういう意図はなく，私が過剰に反応したのかもしれません。このような私の反応は，地方の日本語は訛っていて，東京の日本語より劣っているという，自身の言語態度に起因しています。２つ目は，オーストラリアの留学から帰ってきた日本人の学生から時々聞くコメントです。

このコメントが暗示するのは，ネイティブの英語は訛ってないという言語態度です。3 つ目の発言は「アメリカ出身なのに A さんの英語はネイティブの英語とは思えない」と解釈できます。この発言には「アメリカ出身ならみんなが英語を話す」「英語のネイティブはこういう話し方をするはず」という言語態度が隠れていると考えられます。4 と 5 は，日本語ネイティブのノンネイティブに対する発言です。4 は，「おはようございます」とあいさつしただけなのに，日本語ネイティブに「日本語お上手ですね」と言われてしまった日本語ノンネイティブの体験談です。最後は，私の知り合いのアメリカ人が話す日本語についてです。この人は日本語がかなりできるのですが，時と場合，対話者に関係なくいつもとても丁寧な日本語を使います。実は私も「丁寧すぎる」と気になっていました。ある日，当事者がいないところで，日本人の同僚が 5 のようなコメントをしました。日本語は丁寧語，尊敬語，謙譲語があり，その使い方は日本語母語話者にとっても複雑で難しいので，日本語を母語としない人にとってはなおさらです。しかし，過度な丁寧さが日本語ネイティブには逆にネガティブに働いてしまったようです。4 と 5 の発言には，日本語は日本人の言語という言語態度が隠れているのかもしれません。このように言語表現の背後には特定の言語態度が潜んでいて，無意識のうちに私たちは，自身の言語態度に基づいて発言していることが多々あるのです。

ここで，私が担当している World Englishes の講義で見せる TED トークを 2 つご紹介します。ひとつは，David Huynh 氏の *Asian Enough?* というトークです。[8] ベトナム系二世で俳優となった彼は，見た目がアジア系であるため，オーディションに行くと Would you mind doing that in a more Chinesey accent? と指示されたり，(But) your English is so good! と褒められたり（？）するそうです。そして，与えられる役もたいていが限定されたものです。私は，このトークを Huynh 氏の経験談ではなく，アメリカにおけるアジア系アメリカ人に対するアメリカ社会の偏見を問題視するメッセージとして理解し，そこから「ネイティブ」ということばそのものについ

---

[8] https://www.youtube.com/watch?v=wc-Mzf3ztcs&t=1s

て考える教材として見せています。もうひとつは *Who counts as a speaker of a language?* と言うタイトルの TED トークです。[9] このトークでは，社会言語学者・言語文化人類学者の Anna Babel 氏が自身のリサーチや子どもたちとの体験に触れながら，いかに私たちの言語態度が話者に対する評価に関わるかについて語っています。どちらも，言語態度とネイティブ・スピーカーについて考えるためのヒントを与えてくれる，非常に有益な YouTube です。特に，学生たちは，これまで何気なく使ってきた「ネイティブ・スピーカー」ということばの定義がいかにあいまいで難しいか，それゆえに不公平な扱いを受ける人びとがいるという現実を認識するでしょう。そして，その気づきが，英語とネイティブに対して自身が持っている言語態度（思い込み）の変化につながってほしいと思います。学生の英語力や知識によっては，これらの YouTube を理解するのは難しいかもしれません。その場合，私の授業では英語もしくは日本語の字幕を見ながら視聴しています。

1.5　グローバル・コモンズ

最後に，私が 2017 年度から取り組んでいる企画をご紹介します。私が勤務している広島大学がスーパーグローバル大学[10] に選ばれ助成を受けているのですが，その一環としてグローバル・コモンズという取組みがあります。そのねらいは，簡単に言えば，国際化＝英語という発想に基づく，日本人学生の英語力向上です。学部ごとにプロジェクトを企画，実施することになっていて，私が所属する総合科学部では Global Community Room という名称をつけて，初年度から 4 年間は毎週水曜日に 2 時間英語コミュニケーション（＝英会話）の練習をしました。この企画には博士課程後期の学生 2 名を TA として雇用するのですが，あえてネイティブでない学生を選ぶこ

[9] https://www.ted.com/talks/anna_babel_who_counts_as_a_speaker_of_a_language_dec_2020

[10] 徹底した国際化を進め，世界レベルの研究・教育を行うために文部科学省が 2014 年に創設した事業。海外の卓越した大学との連携や大学改革に取り組む 37 校が選ばれ，10 年間支援を受ける。

とにしています。その理由は，日本人学生が異なる言語・文化的背景を持つ学生たちと英語で対話をすることで，英語が共通語であることを認識し，自らの英語に自信を持ち，積極的なコミュニケーションを図る態度の育成を目指しているからです。

初年度から4年間は，アカデミックな内容も考慮して，教員に英語の論文や学会要旨の書き方，プレゼンテーションの極意を話してもらうことも企画に入れました。しかし，やはり学生は英会話の練習をして話す力を伸ばしたいようで，後者の企画は需要がほとんど無く，実現しませんでした。そして，4年もたつと話すトピックもマンネリ化し，その間コロナの影響で大学の授業やイベントがすべてオンラインになったこともあって，参加する学生が徐々に減り，ついに毎回参加する学生は数名になり，その顔ぶれも同じになりました。そこで，2022年度から内容をドラスティックに変えました。国際化＝英語という思い込みを払拭し，キャンパスは英語だけじゃない！キャンパスには様々な言語・文化的背景を持った留学生がいるんだよ！ということを知ってもらうのがねらいです。プロジェクトの名称もMultilingual-multicultural Community Room（図5参照）と改めました。

図5

前半の1時間は学生のニーズにも応えて英会話をやります。しかし，後半の1時間は『お国ことば紹介』として留学生を招いて，自分の母語を紹介してもらうことにしました。初回の4月はタイからの留学生にタイ語を教えてもらいました。5月はジンバブエの留学生がショナ語，6月はガーナの留学生がアカン語を紹介してくれました。

内容は文字，発音，文法，簡単なあいさつ，若者の間で流行っている語彙やイディオムです。これまで招待した留学生3人はいずれもプレゼンテーションや説明が素晴らしく上手で，『お国ことば紹介』の企画は毎回とても盛り上がりました。図6は6月にアカン語を紹介してくれた学生です。広島大学のアフリカ人学生会の会長を務める彼女は，ユーモアも交えながら，紹介したアカン語の表現を使って時々参加者に質問するなど，楽しいレッスンでした。ただ，日本人学生の参加は非常に少なく，こうした企画がなければ出会えない言語を知るチャンスを逃しているのはとても残念です。真のグローバル・キャンパスとは日本語と英語のバイリンガルの集まりではなく，母語，英語も含め多言語・多文化の感覚を持ち，様々な言語・文化に興味を持つ学生が集う空間です。今回のプロジェクトを通して，英語偏重の言語態度にさらなる揺さぶりをかけ，他言語と他文化への興味・関心を啓蒙するため様々な方略を考えないとダメだと痛感しました。

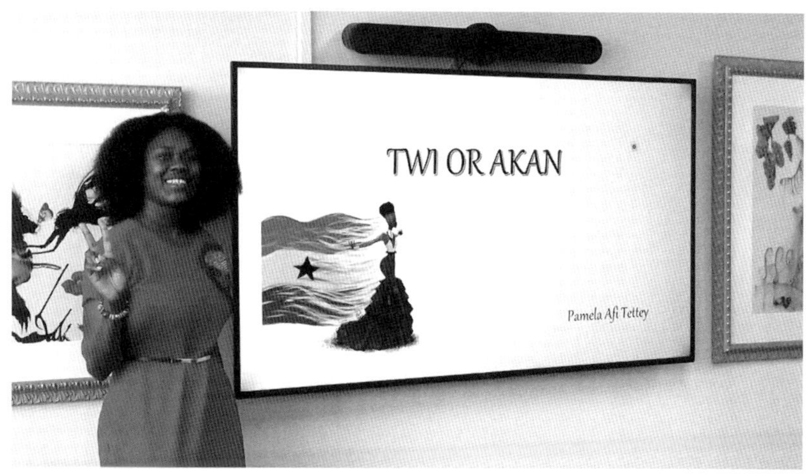

図 6

以上です。ありがとうございました。

司会：ありがとうございました。続けて冨田さんのお話を聞かせていただきます。冨田さん，よろしくお願いします。

2. 外国語教師がやるべきこと

冨田 祐一

教育学修士（上越教育大学）。学習院大学教授。都立高校で 11 年間英語を教え，福島大学の教員養成課程で 11 年間教師教育にたずさわった後に大東文化大学の環境創造学部の創設に参加し，いわゆる教養教育としての英語教育を行った。その後，英国マンチェスター大学，カザフスタンのナザルバエフ大学で教鞭をとる。NHK・E テレの『えいごリアン』の番組委員，NHK ラジオ『基礎英語』講師としても知られている。「読字障害児相談室」（福島大学）を開設・運営し「環境問題のための英語教育カリキュラム」（大東文化大学）を構築し，「国際語としての英語教育」を日本のラジオ講座に初めて導入した。『はじめてみよう小学校英語活動』（アプリコット 2002 年）など，多くの著書・論文がある。

2.1 お手本を探す日本

じゃあ，始めます。PowerPoint を開く前に柴田さんとの関係をちょっとだけお話すると，僕は以前カザフスタンのナザルバエフ大学で教えていた経験があるんですが，その時，柴田さんからリサーチへの協力をしてほしいって言われました。どういうリサーチかというと，カザフスタンの人にいろんな英語を聞いてもらって，その英語をどう評価するかを調べるっていう調査です。今柴田さんのお話を聞いて分かったんですが，当時は，柴田さんは，きっとランゲージ・アチチュード (Language attitude) のことを研究されていたんですね。そのリサーチのためのデータを集めてお送りしたっていう経験があります。当時から――もうだいぶ前になりますけど――そういうことをやっておられたんだなっていうのを，今お話を聞いていて，懐かしく思い出しました。

今のお話と僕の話がどこまでリンクするかは，よく分からないんですが，1 つだけ，これはリンクするなって思ったことは，日本人の多くの人が求めている「均一性」とか「統一感」あるいは「画一性」に関する問題意識です。そうした類似した概念を代表するような表現が「お手本」っていうことばだと思いますね。たとえば，日本人の英語の学習について言えば，「英語母語話者が話す英語」を「お手本」として定めて，その「お手本をまねる」のが外国語学習だっていうふうに考えている人が多いように思います。そして，外国語を勉強している日本人の多くは，いつも「お手本がどこにあるか」っていうことを気にしているように見えますね，一生懸命「お手本探し」をしているっていう感じです。

今の柴田さんのお話を聞いていて思ったんですが，そういう「お手本観」が背景にあるもんだから，「お手本じゃないもの」を聞くと，たぶん，それは「自分が目指すものじゃない」「そんなの英語じゃない」っていうふうに感じてしまうんだろうなって思いました。僕は，イギリスとカザフスタンとニュージーランドの 3 つの国に住んだことがあるのですが，そうした「お手本観」みたいなものは，他の国の人の場合には，それほど強烈には持っていないように感じましたね。もうちょっと許容範囲が広いんじゃないかと思いました。たとえば，英語という言語に関する許容範囲について言うと，なぜ（日本人の多くの場合と比較して）より広い範囲（種類）の英語を受け入れているかと言うと，単純に，いろんな英語に接しているから，ということが大きな原因かもしれません。イギリスにいたって，カザフスタンにいたって，生活の中で，実に色んな種類の英語に接しますからね。

日本の場合には，たとえば CD とかビデオとかに収録されている母語話者の英語の音声だけを聞いている場合が多く，それが「正しい英語だ」っていうふうな考え方が刷り込まれている可能性がありますね。「実際の生活の中で生きている人間が，使っている英語」を聞く機会があまりないですからね。一種の「画一化された英語」だけが正しいモデルとみなされていて，そのモデルを目指して勉強するのが当然だと考えている人が多いのかもしれません。

今日の話は，そうしたユニフォミティ，または「画一性」の問題をどう考えるか？といったことに注目していただいて，僕の話を聞いていただけると，柴田さんの話と僕の話の接点や共通性が見えてくるかも知れません。

2.2 教室とは

では，パワーポイントを共有させていただきます。実は若林さん（司会）から最初にお題を頂いた時に「英語の教室で何ができるか」について話してほしいというご依頼だったもので，いろいろと考えてみたんですが，このお題は「結構難しいお題」だなっていうか，答えるのが難しいなあと思いました。どうしてかというと，たとえば，英語教育学や応用言語学の世界で調査なんかをする時だと，まず「教室って何？」っていう問題から定義をしないと調査をすることができません。つまり，若林さんの御依頼の中に使われている「教室」って，いったいどこの教室なの？ということですね。小学校ですか？中学校ですか？高校ですか？っていう，いわばディフィニション（definition）をまずしっかりしないと，そこで使われていることばの定義が定まらないので，結果として調査を始めることができません。

僕は高校で10年ほど教師をやっていたんですが，たとえば「高校の教室」と言っても，いわゆる——僕はあんまり好きなことばじゃないんですが——「偏差値の高い高校」と「偏差値の低い高校」では，教室の様子が全然違います。僕が最初に勤めた学校は（いわゆる）偏差値が低くて大学に行く人がほとんどいない学校でしたが，そのような高校の教室では，まず「教科書を持ってくること」から指導しないと，授業が開始できません。一方で，大学受験をすることが当然だと考えられている高校の場合には，最初から生徒たちがそういう気持ちで学校に来ていますから，まったく違う空間がそこにあります。したがって，同じ「高校」という範疇に入る「教室」の中であっても，その実際の姿には，驚くほどの差があります。

そこで「どうしようかな」と思って，教室って言うけども「教室」という概念については，いったん「日本」というワイドな範囲に広げて「日本という国の中の一般的で抽象的な教室」と考えて，その中の「外国語の教室」に対象をしぼりこんで，そこで「何ができるのか？」というふうに考えることにしました。

それから「何ができるか？」の部分については，少しねらいがずれてしまうかもしれないのですが，「何をやんなきゃいけないか？」とか「何をすべきか？」ということに的を絞ることにしたいと思います。つまり，まとめると「今の日本の教室の中で，外国語の教師は，いったい何をやるべきなのか？」という問いに対する答えを検討したいと思います。そうすることによって，おそらく，究極的には「教室の中で，外国語の教師は何ができるのか？」という問いに対する答えも導き出せるのではないかと考えたからです。

2.3　3 つの鍵

今回の話の中では，主に「3 つのことば」を中心的に扱って行くことにします。1 つ目は「VUCA」，2 つ目は「Diversity」，3 つ目は「ICT」です。この 3 つのことばを選んだ理由は何かというと，実は海外で生活した経験がある方はお分かりいただけると思うのですが，── 一概には言えないとは思いますが── いわゆる欧米やその他の地域の学校教育では，近年，その「3 つのことば」に関係した教育環境が，かなりのスピードで，大きな変化をしてきていると考えているからです。そのスピードは，日本と比べると，格段に速度が速いと思います。

例えば，ICT のことを例にすると，カザフスタンでは，日本の大学が，コロナが始まって右往左往し，教師たちが「Zoom ってどうやってやるんだ？」と言って大騒ぎしていた頃に，たった 1 週間で全国のほぼ全ての大学の授業がオンラインに変わりました。ところが，日本の場合には 1 年ぐらい経った頃に，やっとオンラインの授業に少し落ち着きが見えたように思います。つまり，日本の教育，特に外国語教育は，僕の目には（時代に即した）

変化がとても遅いように見えます。そのこと自体が「良いこと」か「悪いこと」かについての評価や判断は難しいかも知れませんが，とにかく「変化が遅い」または「変化しにくい」ということは確かだと思います。

最初にスライドで ‘If you resist change, you resist life.’ という Sadhguru Jaggi Vasudev のことばを見ていただきましたが，そのことばが意味するところは，「変化していかないと実は生き残れないのだ」ということで，さらに言い換えると「変化することを怖がっていたら，生きていけなくなってしまう」ということを意味しています。今日の私の話は，こうした視点から「これからの日本の外国語教育は，どんなふうに，もっと変化すべきなのか？」ということについて考えてみたいと思いました。

そのようなわけで，今回の私の話のタイトルについては，最初は New teachers’ challenges in VUCA Era（VUCA Era における教師達の新しいチャレンジ）というものにしようと思いました。VUCA については，あとでもう少し具体的にお話ししますが，一言で言えば「この先どうなるかが，予測できない」ということを意味しています。この「先が予測しにくい世界の中で，いったい外国語教育ってどう変わって行けばいいの？ 外国語教師はどんなことに挑戦すればいいの？」という問いについて考えたいと思ったからです。

それから，From knowledge transmission to knowledge construction ということばをタイトルにしようかとも考えました。トランスミッションとは「先生が生徒に教える」という（まさに先程の柴田さんの話と関連する話題ですが）「お手本を示してお手本をまねる」という教育観ですね。しかしながら，（日本以外の）多くの地域の教育界に目を向けると，そこでは，Knowledge construction のほうに注目する教育観に舵をきる流れが主流になってきています。簡単に言えば「古い知識を憶えることを追求する教育観」から「自分で新しい知識を構築することを追求する教育観」へのパラダイム転換が起こっているわけです。生徒（または学習者）を中心に置いた言い方に変えれば，「生徒（または学習者）が，主体的に，自分で自分の知識をディベロップしていくことを重視する教育」が重要視される時代になってきていると言って良いでしょう。

ところが，日本の学校教育とその中に組み込まれている外国語教育（または英語教育）については，そうした変化をしているようには見えません。そこで，今回の僕の話では，先程取り上げた ‘If you don’t resist, you resist life’ ではないですか？ということを申し上げたいと思っているわけです。

さて，少し角度を変えて，先程の「3 つのキーワード」の中の 1 つの Diversity についてお話すると，このことばを使いたかった理由，または背景には，海外の大学で教えていた時の経験があります。海外で暮らしていると，まさにこの Diversity に関わる経験をたくさんするわけです。例えば，イギリスのマンチェスター大学で最初に授業を担当した教室には，15 人ぐらいの学生がいたのですが，その中の 2 人の男性の学生は，スカートをはいていました。1 人はものすごく身長が高くて頑健な体つきをしていましたが，まさに堂々とスカートをはいて大学に来ていました。もう 1 人の学生はイギリス人の中では小柄な体格で，お化粧をしていました。そして，（今考えると）ある意味では当然なのですが，他の学生達と一緒に，まったく普通に授業を受けていましたし，他の学生も，彼らに対して普通に接していました。僕の場合には，日本の大学の教室の中では，そうした経験がなかったので，最初，少し驚きましたが，すぐに慣れました。

そのような環境で授業を進めて行く中で，2 人の内の小柄な体格の学生が，授業が終わったあとに，日本に 1 年間留学した時の経験を話してくれる機会がありました。その時に，彼が僕に話してくれたことは，日本社会の Diversity についてのことでした。その時の彼の話が，僕が「日本社会の Diversity に関する変化の遅れ」について考えるようになったきっかけを与えてくれました。彼は，留学中に，ある日本人の LGBTQ の学生と友達になり，いろいろな話をしたとのことで，その日本人の学生が，いかに日本社会の中で苦しんでいるかを知って，とても悲しくなったと話してくれました。なぜ，その日本人の学生が苦しんでいるかというと，一番の理由は「カミングアウトできない」ということだったとのことです。つまり，現在の日本社会では，自分が LGBTQ の 1 人であるということをオープンにすることが非常に怖いというわけです。その結果，その日本人の学生は，自分の本当の姿を隠さなければならない，ということを非常につらく感じている，とのことでした。そして，そのイギリス人の学生は，僕に「冨田先生，日本の社会って，まだ，そういう社会なんですか？」と質問してきたわけですが，僕としては「少しずついろいろ変化はしてきているとは思うけど，やっぱり，特に学校の中では，LGBTQ の人がカミングアウトするのは，かなり勇気がいることだと思うね。」と答えました。

おそらく，正直なところ，やはり日本はそこまでは進んでないと言わざるを得ないと思います。日本社会は，残念ながら「社会の中のマイノリティの人々を受け入れる体制」や「ダイバーシティーを尊重する柔軟性」については，まだまだ遅れていると言わざるを得ないと思いますね。

最後に ICT なんですが，これはコロナによって日本の大学でも（僕を含めた）年配の先生たちも，ついに，いやが応でも Zoom を使わなければならない時代になったわけですが，これまでの話と ICT がどのように関わっているかについて，話をしたいと思います。

2.4　VUCA

まず VUCA ですが，VUCA っていう用語は，もともとは，いわゆる戦時下の戦略を考える時に使われた用語らしく，かなり昔から（1900 年代くらいから？）存在していたということを聞いたことがありますが，最近は，ビジネスの世界などで使われるようになってきていて，たくさんの本が出版されていますね。Volatility（変動性），Uncertainty（不確実性），Complexity（複雑性），Ambiguity（曖昧性）の 4 つの頭文字で構成されている用語で，今の世の中を象徴していることばとして頻繁に使われています。とにかく，今の社会で起こっていることは，一過性のことがいっぱいあって，驚くほどの変化がいたる所で起こっているし，不確実だったり複雑だったり曖昧だったりすることが，あふれていますからね。このことばがはやるのもうなずけます。

具体的な例で言えば global warming の問題。それから言うまでもなく COVID の問題。国際理解が重要だとは言われているけれど，国際的な交流が始まったことで，良いことばかりが起こるわけではなくて，人と人が多く接するようになったことで，今回のようなパンデミックが起こるようになったわけですから，単純には国際交流が良いことだとだけ言っているわけにはいきません。最近の一番大きな問題がウクライナの問題ですが，こういう社会的な不確実性と不安定性の中に，学習者が学ぶ教室があることは，誰の目にも明らかですよね。僕が普段教えている大学生もやっぱり，そういう社会の中の教室にいるわけです。

そうすると 1 つ確実に言えることは，彼らの中にはやっぱり「将来に関する不安」があるということです。これは間違いないと僕は確信しています。

例えば，10 年，20 年ぐらい前であれば「一流企業に就職すれば安泰」だっていうような予測を立てることが可能だったかもしれない。当時の大学生は一生懸命そこを目指して就職活動をやっていたわけです。ところが，今では，すごく巨大な企業だって，一瞬にしてつぶれることもある。ですから今は，昔のような安堵感を感じなくなってきたことは誰も否定できないと思います。そういうわけで，将来何が起こるか分からない，自分の将来の姿が描けないっていうことで，ぼんやりとした不安を抱えている学生が多いなっていうふうに，最近大学生を見ていて思います。

2.5　Diversity

そういう中でわれわれは外国語教育を教えるわけです。そこで 1 つ ── 大事な問題はいろいろあるとは思うんですけれども ── キーになることばとして僕はやっぱり，先程少し触れたダイバーシティーっていうことばがあるんじゃないかと思っているんです。ダイバーシティーっていうことばは，簡単に言えば「多様な価値観を受容する」「多様な人々が協調して共生する」っていうことで，その価値を大切にするという思想が背景にあると思います。例えば，ロシアのプーチン大統領がウクライナに侵攻した。このことは，つまり「おまえたちは俺たちの考えと違う考えを持っているね。だから，俺たちは，おまえたちをつぶしに行くぞ。」っていう考え方なわけですから，全く Diversity を尊重する考え方とは対極にある考え方に基づいた行動だと思います。こうした Diversity を否定するような考え方は，やっぱり今の世の中には不適切だと思うし，認められるべきではないと思います。

そして，この VUCA の時代にあっては「Diversity を認めない」といったことになってしまうと，将来的にはかなり怖い世界が生まれてしまう可能性があるように思います。もっと単純に言えば，VUCA の時代に Diversity を否定してしまうと，様々な争いごとが生まれる可能性が高くなり，究極的には戦争にまでなってしまいかねない，ということですね。そのことを，現代に生きる我々は，しっかりと認識する必要があると思います。

先程の LGBTQ の学生の話などについても，日本の社会が「自分とは違う人の存在を許容しない社会である」ということを示していることは確かなので，ある意味では，今の日本社会は「少々危険な状態にある」という考え方をする必要があるかも知れないと思うんですね。柴田さんのお話にもありましたけど，Diversity の対極にある Uniformity っていう概念は，実は日本人が大好きな概念の一つだと思うんですが，そこには「危険が潜んでいる」ということを，常に意識的に忘れないようにすべきではないかと思います。

最近はコロナのせいで，若干少なくなりはしましたけれど，例えば，日本の就職活動の様子を見ていると，みんな同じような黒いスーツを着てとり組んでいますよね。海外の人から見るとすごく異様に見える風景なわけですが，そういうことが，日本社会って，平気で行われています。

そして，外国語教育に話をもどすと，日本の英語教育における（いわゆる）お手本についても，ほとんどがアメリカン・イングリッシュですよね。この状況は，ある意味で不思議なだけでなくて「英語の正確な姿の理解」という観点から考えても，問題です。例えば，僕が大学で英語の授業をしている時に，「ナスって英語で何て言うの」ってたずねると，「知らない」って言う学生が 2～3 割ぐらいいて，あとの 7 ～ 8 割の学生が eggplant って答えます。でもご承知のように，イギリスに行ったら eggplant って言わないじゃないですか。ナスは aubergine って呼びますよね。ところが，ほぼ 100%に近い日本人の学生が aubergine ということばを聞いたことがないわけです。つまり uniformity が完全に徹底しちゃっているわけですね。これってやっぱり日本の教育を考える時に，ちょっと怖いなって思うわけです。

2.6　ICT

そして 21 世紀に重要なテクノロジーっていうことで言うと，ICT。これがキーワードの 3 つ目になるんですが，これについては，あらためて僕が強調する必要がないくらい，日本社会の中でも，すでに多くの人が認識しているし，その道の専門の方はいっぱいいらっしゃるので，あんまり説明はしません。大事なことは，さっきの uniformity と相反することかも知れないけれど，実は世界はすでに，通信網やテクノロジーの世界では，一つにつながっているんですね。それをプーチン大統領は理解してなかった（あるいは意識的に無理やりコントロールしようとしている）可能性がある。世界の人たちは，すでに，つながる手段を持っているわけです。昔はテレビとラジオのニュースを統制すれば，国家権力を持つ人が，一般大衆の意識や思想を，ある程度コントロールすることができたけれど，今の世界は，通信網でつながっているために，それが完全にはできなくなっている。そうした，「人々がつながり合う手段」を獲得できたことで，社会のあり方が大きな変化をしてきたことは，誰でも認めていることですよね。

この「人々のつながり方の変化」という点については，われわれ言語教育にたずさわる教師は，もっと注意を払う必要があるんじゃないかと思っています。これは 1 回の話ではあまり突っ込んだ話はできないので，他の機会でしたいと思いますが，いずれにしてもこの 3 つのことば（VUCA，Diversity，ICT）は，現在の外国語教育を考える際に，避けて通ることができない「非常に重要なことば」だと思っています。

2.7　外国語教育

では，ここから先は，今までにお話ししてきたことを基に，「VUCA の時代」における「Diversity を尊重する外国語教育」を「ICT を活用して」どのように実践するのか？という視点から，「今後の日本の外国語教育が向かうべき方向性」について考えてみたいと思います。ご注意いただきたいのは，皆さんはお気づきになったかどうか分かりませんが，僕は「英語教育」という用語は，意識的にできるだけ使わないように心がけていて，「外国語教育」という視点でお話をしようとしています。

まず，「VUCA の時代にふさわしい外国語教育」とは何かと問われたとすると，僕は「20 世紀の知識を伝授する教育（= 今までのお手本主義）」から脱却して，「新しい知識を創造して行く教育」だと答えたいと思います。これはいわゆるアクティブ・ラーニングという用語が大はやりした時に盛んに言われていたことなので，教育に関係する方であれば，誰でもが知っている（若干使い古された）表現ではあるのですが，今の時代にあっては，そのような考え方をあらためて重視することが非常に重要だと考えています。

「新しい知識を創造する能力」を重視する教育観は，かなり昔から言われているもので，例えば 1950 年代には，有名な「Bloom's Taxonomy（ブルームのタクソノミー）」の中でも示されています。そのタクソノミーによって示されている評価観では，「どこまで与えられた知識を覚えているか（remember）」を重視していた従来の評価観を修正して，understand（理解する），apply（応用する），analyze（分析する），evaluate（評価する），create（創造する）といった能力を重視する評価観が示されています。図 7 の三角形は，初めて提示されてから約 70 年たった今でも，とても重要なもので，いろいろな教育実践の場で活用されています。そして，最近の外国語教育の世界でも，このタクソノミーが示す評価観は，重要な意味をもっています。

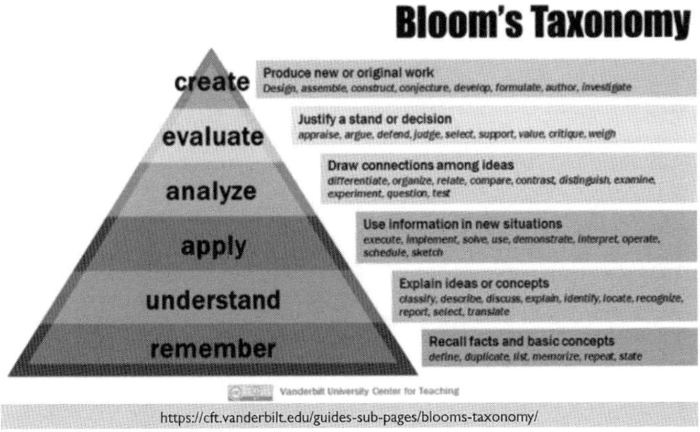

図7

世界の外国語教育では，実はずいぶん前からかなりこうした考え方に基づいた実践が行われてきているわけですが，残念ながら，まだ日本の外国語教育の世界では，こうした教育観がしっかりと根づいているようには思えません。

日本の外国語教育では今でも，この三角形の一番下に置かれている「remember（暗記・記憶）」が最も重視されているように見えますからね。こうした傾向を見る限り，少なくとも，新しい評価観や教育観を取り入れる点については，遅れていると言わざるをえないと思います。この点については，もう一度，しっかり我々外国語教師の間で，検討し，議論する必要があると思っています。

なぜなら，VUCAの時代というのは「先が見えにくい社会」なわけですから，古い知識を憶えているだけでは，社会の動きに対応できないからです。つまり，VUCAの時代の社会は「自分で知識を構築せずして生き抜くことができない社会」だと言っても良いと思います。したがって，これからの時代では，新しい知識を構築する外国語教育って，いったいどうやればできるんだ？ということを真剣に議論する必要があるように思っています。

学習者が自分の知識や能力を使って「何か新しいものを作り出す」ということを，達成できる機会をもっともっと提供する必要があるんじゃないでしょうか。

具体的には，外国語を使った「課題の発見」「探求学習」「批判的思考」「創造的な活動」を提供する場がもっと必要だと思います。そのような活動については，すでにたくさんの本が出ているので，僕がここで一つ一つを取り上げる必要はないと思いますが，そうした「VUCA の時代に適した外国語を使った教育」は，今後，ますます重要性を増すに違いないと思っています。

また，Diversity を尊重する外国語教育については，2 つの点が，重要だと言えると思います。1 つ目は「多様な言語の価値を尊重する外国語教育」です。このことを，外国語教師は，常に意識する必要があると思っています。僕の場合には，これまで，小学校の外国語教育をどのように進めるかについて，いろいろな所で論争をしてきたわけですが，要するに「英語ばっかりじゃ駄目じゃない？」っていうことを，小学校の外国語教育の場で，言い続けてきたし，これからも言い続けたいと思っています。[11]

どうしても，日本社会の中では「外国語と言えば英語」という意識が極めて強く，他の外国語教育の価値が，あまりにも軽んじられています。これは，日本の外国語教育政策の明らかな失策だったし，今の時代にあっては完全に「時代遅れな政策」になっています。つまり，簡単に言えば「もっと多様な外国語の教育を推進しましょう。」っていうことですね。そして，さらにそうした考え方の延長線上には，手話言語教育，点字教育，アイヌ語教育，琉球語教育，などといった「多様な教育的価値を生み出す言語教育」の価値を見直すこともあるはずです。そのような言語の世界にある Diversity を尊重した外国語教育や言語教育こそ，これからの時代に非常に大切だと考えています。

ただし，日本でもそういう動きが全くないかというと，そうではありません。例えば，今年から始まる東京都立立川国際中等教育学校附属小学校は，日本で初めて小，中，高が連続する公立の学校ですが，ここでは「英語以外

---

[11] 冨田祐一 (2021)「国際理解教育の一環としての外国語会話肯定論：競争原理から共生原理へ」大津由紀雄・亘理陽一（編）『どうする小学校英語？狂騒曲のあとさき』132–162, 慶應義塾大学出版.

の外国語」の教育が導入されます。まだ始まったばっかりの試みなので様子を見せていただきたいと思っていますが，注目に値する試みだと思います。

長崎県立対馬高校の外国語教育では，韓国語の教育が行われていますので，この学校のホームページは，ぜひのぞいて見てください。なかなか面白いことをされています。対馬は，ご存じのとおり，韓国がすぐとなりにあって，韓国との距離が非常に近い島なわけです。そうすると，ここの高校生にとっては，韓国に留学することや，韓国で就職することが，とても身近なこととして，高校生の視野に入ってくるわけですね。

僕が住んでいる埼玉県の中にも，埼玉県立坂戸高校の外国語科というコースがあって，実は先週は，そこの学校に行って講演をしてきたばっかりなんですが，ここの外国語科ではドイツ語，フランス語，スペイン語，中国語を学ぶことができます。

という具合に，日本でも数はまだ少ないけれど，出てきています。こういう動きを僕はもっともっと高く評価すべきだと思います。

そして，こうした考え方は，ご存じのとおり Council of Europe（欧州評議会）が提唱する Plurilingualism（複言語主義）という考え方にも通じるもので，非常に貴重な教育的試みだと思います。

ところが，前にもお話したように，日本に CEFR が持ち込まれた時には，とても妙な持ち込まれ方がされてしまい，「CEFR の B2 を目指して勉強しましょう」といったことだけが強調されてしまいました。つまり CEFR の「A～C の基準」が「受験のための目標」として使われてしまうようなことが起こってしまったわけです。CEFR が目指していた Plurilingualism（複言語主義）という目標はすっかり忘れられてしまい，ねじ曲げられた形で CEFR の指標だけが導入されてしまいました。[12] その結果，「本来の姿」とは全然違う形で「捻じ曲げられた CEFR」が，まさに「新しい（英語の）お手本」となってしまっています。こうした動向を見ると，本当に「日本とい

---

[12] Sugitani, Masako, Tomita, Yuichi (2012). Perspectives from Japan. In Michael Byram, Lynne Parmenter (Eds.) *The Common European Framework of Reference: The Globalization of Language Education* (pp. 197-211). Multilingual Matters.

う社会」は，見事に「お手本好き」な社会だなあと，あらためて思わされてしまいます。

Diversity という観点から外国語教育を考える時のもう一つの考え方は「学習者の Diversity を尊重する外国語教育」という視点です。この考え方の場合には「外国語の Diversity」ではなくて，「学習者の Diversity」に焦点を当てるわけです。

たとえば，一番分かりやすいのは「個人の個性」を大切にするという考え方です。たとえば，僕の場合には，福島大学で教えていた時に，「学習障害を持つ学習者」のための「英語教育相談室」を開いていました。[13] 学習障害をもつ学習者についての理解は，最近はかなり進んできたと思いますが，まだまだしっかりとした指導体系やサポート体制ができているとは言えないと思いますので，今後もこうした取り組みをし続ける必要があると思います。

それから 20 世紀の末に，「Complex Theory（複雑性理論）に基づく第二言語発達の研究」という理論が Larsen-Freeman によって提唱されて，注目を集め始めているのですが，[14, 15] ここで非常に注目を集めているポイントの一つに「重要な用語の変更」があります。従来の「第二言語習得研究（Second language acquisition research）の世界では，第二言語（Second language）習得とは，母語話者の「母語」を最終到達点とみなして，そこを目標として変化し続けている存在ととらえられるという考え方がありました。第二言語の学習者は, 目標とする「母語話者の言語」を「習得する（acquire)」ことを目指す存在としてとらえられていたわけです。

しかしながら，Complex Theory（複雑系理論）に基づく第二言語の研究者たちは，そのようには考えていません。彼らは，第二言語（Second language）を「母語話者の第一言語に向かって変化しているもの」としてでは

---

[13] 冨田祐一（1996)「ディスレクシアの子ども達の英語教育」『東北英語教育学会研究紀要』16, 44–56.

[14] Larsen-Freeman, Diane（2008）*Complex Systems and Applied Linguistics*, Oxford University Press.

[15] 冨田祐一（2023)「複雑系理論と第二言語習得：歴史的流れを概観し，応用可能性に迫る」『人間の能力』，大瀧綾乃，須田孝司・中川右也・横田秀樹（編），163–181，くろしお出版.

なく，「学習者一人一人の中で発達する（develop）存在」としてとらえます。そのため，彼らは「第二言語習得（Second language acquisition）」という呼び方ではなく，「第二言語発達（Second language development）」という呼び方を使うべきだと主張します。

このあたりの話を先程の柴田さんの話と結びつけると，Complex Theory では，学習者は「お手本をまねる存在」としてみなす考え方から脱却し，「学習者が自分自身の言語を，発達させている存在」ということになります。

この考え方に基づくと，「第二言語の発達」は，あくまでも学習者の主体的な言語的成長のプロセスだとみなすことができるので，その発達の段階が，どの段階にあろうとも，その全ての発達段階が，学習者本人が選択した発達段階であるということになります。

つまり，たとえば，Hello! How are you? だけ話せるのであれば，それはそれでまったく問題ないことになります。その人が選択した発達段階なわけですからね。したがって，「英検 1 級」が取れてないからといって「できない人」といった不要な劣等意識をもつ必要もなくなります。

そして最後の「ICT を活用する外国語教育」については，これからの時代では，「境界線（boundary）を越えた交流」をどう実践できるか？ということが鍵になるでしょう。例えば，ことばのまなび工房が実践されている（日本以外の）アジアの学校の生徒と日本の学校の生徒を「ICT を使って『つなげる』試み」などは，まさに ICT を使った「境界線を越えた交流」の典型的な形ですね。今後は，そうした交流を基に，様々な境界線を越えた交流が生まれ，世界の人々が共生しやすくなるための外国語教育ができていったら，本当に素晴らしいことだと思います。

日本では，1995 年がインターネット元年って言われているのですが，その翌年に『コンピューターと教育』という学術雑誌が創刊されました。そこで，僕は「インターネットを使った英語教育」に関する論文[16] をたぶん日本で初めて書いたのですが，その時の論文を書いた時の動機は「インターネッ

[16] 冨田祐一（1996）「インターネットを利用した英語コミュニケーションの授業」『コンピューター&エデュケーション』1, 91-94.

トという新しいテクノロジーが使えるようになった今，外国語を使ったコミュニケーションの形が根本的に変化するに違いない。」ということでした。そして，実際のところ，30年が経過した今では，インターネットを使ったコミュニケーションは，生活に欠くことができないものになっています。他にも，例えばPoketalkとかC-FACEといった翻訳機や，政府が作った翻訳アプリのVoiceTraもある。Google TranslateやDeepLは非常に便利な翻訳ソフトとして広く使われています。ところが，こういうアプリ機器を教育の現場でどのように活用するのか，という点についての検討はまだまだ不充分ですね。私の願いは，急速に発達し続けているICT関連のテクノロジーを，今日述べた「VUCAとDiversity」の要素をもつ現代社会をより良い社会にするために，役立ててほしいということです。

まとめとしては「VUCAの時代にふさわしい外国語教育，Diversityを重視した外国語教育，ICTを活かした外国語教育」それを求めることが，これからの時代の外国語教育の鍵になると思います，ということを申し上げて，僕の話を終わりたいと思います。有難うございました。

3.　質疑応答・意見交換

3.1　国際語としての英語って？

司会：ありがとうございました。前回までと同じように質問はマイクをオンにして，話していただくということでお願いしたいと思います。いかがでしょうか。

狩野：すみません，よろしいですか。

司会：はい。狩野さんどうぞ。

狩野：活水女子大学の狩野です。いつもお世話になっています。この質問は特に柴田さんになんですけど。柴田さんのお話は，英語学習を習字に例えて，まずお手本がいてお手本をやっているうちに少しずつ自分なりのスタイルを覚えていくっていうような話だったと思うんですけど。私の理解では，習字ってあくまでアートですよね。アートだから，そこを見て美しいっていうのがあると思うんですけど，ことばってやっぱりコミュニケーションのツールで相手に分からなきゃいけないっていうのがまずあると思うんですよね。いろんな国の人やいろんな文化の人が集まった時にやっぱりそういういろんなバックグラウンドを持っている人に分かるような形の英語にしようっていうと，自分のスタイルっていうよりもある程度標準化しないと相手にも伝わらないっていう問題も出てくると思うんです。国際語としての英語っていうような考え方，柴田さんにこれを教えていただきたいんです。そういうことが 2000 年代になってから言われ始めて，その辺の国際語としての英語を教えるっていう，どういう特徴があるのかっていうことです。時間はないかもしれないですけど，少しご説明していただければすごくありがたいと思います。

柴田：恐らく狩野さんと私は英語に対する捉え方というか見解が違うと思います。つまり，国際語としての英語があるというスタンスで考えると，そんなものはありません。

狩野：やっぱそうなんですね。

柴田：さっき冨田さんも触れられていましたが，決して私はお手本を習得してから次に進むと言っているのではなく，お手本に対する捉え方に気を付けましょうということを伝えたかったわけです。そのお手本がネイティブの英語を習得しようという思いやネイティブの英語に近くならないと駄目だという強迫観念を持たせてしまっては，ダメなんですよ。そうではなくて，お手本を使って学習している中で，自分の英語でいいじゃんという態度を身につけさせるべきというのが伝えたかったことです。伝わっているかな。

狩野：伝わっています。やっぱり自分の英語っていうのはある程度いろんなオーディエンスに伝わらないと駄目なわけですよね。

柴田：そうなんですけど，でも，ネイティブだからといって，必ずしも相手に言いたいことが一度で伝わるわけじゃないでしょ。ネイティブと話しているときに，「はあ？この人の言っていることがわからない」って感じること，ありませんか。

狩野：あります。

柴田：そうすると「で，結局，だからポイントは何なの」とか，「分からないから，もう1回単語を言ってよ」ということも言わないといけない時がある。これはやっぱりコミュニケーションの「キホンのキ」ですよね。私はそれができない日本人が多すぎると思うんです。私の英語コミュニケーション科目を履修する学生もそうですけど，「会話やりなさい」って言うと「はい，じゃあ質問1番，行きます。」という感じで，定型表現を使って（すでに与えられた）質問をする。それに対して相手がこれまた教科書に載っている決まり文句で答えを返す。そして，「じゃあ，次2番行くね」みたいな。そういう尋問みたいな一方通行のやり取りではなくて，会話つまり双方向のやり取りをしてほしいんですけどね。でも，根本的に英語の授業でやる会話練習は，先生が用意してくれた質問にお手本通りの英語で答えたら「はい，じゃあ，おしまい。」というのが多い。だから，学生のそういった姿勢を崩さないとダメなんですよ。

狩野：発信型の活動をもっとやりなさいっていうことですね。

柴田：うん。だからといって，英語ネイティブのコミュニケーション・スタイルがいいとかではなくて，やっぱり自分が知りたいことは聞かないと必要な情報は入ってこないし，場面や相手によって聞くことや聞き方は変わってくる。だから，どういうふうにコミュニケーションするかというのは，お手本はあるわけじゃないと思うんですね。普通，人間の，ヒューマン・ネイチャーとして知りたいことは聞くでしょということです。いろんな聞き方をして，最終的に「ああ，分かった」っていう，そういう練習を授業でしてないんじゃないかなと思います。つまり――ごめんなさい，ちょっと話長くなりますけど――このシンポジウムの 1 回目の時に，私が大津先生と吉田先生に聞いたのはそこだったんです。学生は英語の授業でいきなり「コミュニケーションしてね」って言われるけど，「じゃあ，他の科目はどうなっているのか」「他の科目では相変わらず受け身で聞くという姿勢じゃないのかな」と疑問に思ったので，お尋ねしたんですよ。たとえアクティブ・ラーニングを入れても，実際の現場はどうなっているのかなと思うわけです。すみません，何となく話が脱線しましたけど。

狩野：すみません，ありがとうございました。参考になりました。

司会：今の話にちょっと加えさせていただくと。他の科目はどうなっているのっていうのはあると思うんですけど，英語の教室だからできることって，きっとあると思うんですよね。今日のテーマは「英語の教室で何ができるか」っていうことなので。他の科目はどうなっているかっていうよりは，違うことばを話すとかっていうことがすごくクリエィティブになる可能性があるっていうかそういうところになってくるんじゃないかと思います。今の狩野さんの話に，ちょっと 1 つだけ加えさせてください。今，狩野さんがおっしゃったようにいろんなオーディエンスに伝わらないと，とか，いろんな英語を知ったほうがいいとかそういうことをおっしゃる方が結構いらっしゃるんですけど，僕なんかは，いろんなオーディエンスに伝わらなくていいですよ，1 対 1 で取りあえず伝えられればいいって思うんです。相手がいて，その人に伝えるということが一番大事なところなんじゃないかなって思ったりします。

だから，実際に 1 対 1 で，相手が日本語じゃ伝わらない人で，英語だったら伝わる人だったら，何をそこで伝えたいのか，どういうことを伝えるか，そういうことはその場で考えなきゃいけないのかもしれないけど，実際に使う場所があるっていうようなことはほんとに大事なんじゃないかな。そうすると「こういうあなたの喋りじゃ通じませんよ」って言われた時も，聞いているのがあなただから通じなかっただけかもしれない。別に，話さなくてもいいんです。例えば紙に書いて見せてもいいし，写真もシェアできるし，今だったらそれこそ Google 翻訳を使ってとかいろんなことを使っていろんなことができるわけだから，とにかく自分の話を伝えたいっていうことが大切です。あるいは人の話を聞きたいとか知りたいとかっていう気持ちを育てることができるんじゃないかと思うんです。「分かんないからいいや，点数関係ないし」とか，そういう貧しい世界ではなくて，いろんなことができるっていうところにつながっていくんじゃないかなって僕なんかは思っています。

3.2　通じることの大切さ

冨田：狩野さんがおっしゃっている，通じる，通じないっていうところはやっぱりすごく大事なところで。Jennifer Jenkins が言っている Lingua Franca Core っていうのがありますよね。[17] コアを外しちゃうとやっぱりつながらないと思うんです。例えば，文法的な語順についても，I love you を

[17] Jenkins, Jennifer (2000) *The Phonology of English as an International Language*, Oxford University Press.

I you love と言ってしまうとやっぱりそれは通じない。つまり「言いたいこと」が相手に伝わりにくくなるわけですから，言語におけるコアの部分についてはやっぱりちゃんと教えるべきだと思うのが 1 つです。

それから，何をモデルにするかっていうことで言うと，例えば，今は，中学校の英語はアメリカの英語をモデルにしているんですけど，それもある程度はうなずけます。つまり，イギリス英語もアメリカ英語もオーストラリア英語も全部教えるっていうのは学習者の負担が過度に大きくなってしまうので，そういうやり方はあまり現実的じゃないから，ある一つの英語の方言に絞って教えるっていう考え方は，僕はしょうがないっていうか，1 つの方法だと思うんです。ただ，怖いのは，例えばそういう方法で英語を学んだ学習者が「モデルにしていた英語」とは異なる発音の英語で発言したとします。そうすると，その発音を聞いた人が，「君の英語の発音」は教科書で習った発音と違うから「間違ってるよ。」なんて言われてしまうこともある。そうした場合の影響については，慎重に考える必要があるように思いますね。つまりさっきの柴田さんの話に関係してくるんですが，そういったネガティブな反応を受け過ぎてしまうと，その学習者は，どんどんと発話しにくくなりますし，発話することが嫌いになったり，怖くなったりする可能性もある。つまり，結果的に自分を英語で表現しなくなるっていうことが起こりかねない。僕はそういうことが起こってしまうことをとても心配しています。

僕がラジオの基礎英語の講師をやっている時に，毎回言ってたことが 1 つあって，それは ‘English is <u>your</u> language.’ っていうことで，それを何回も繰り返したんです。これはつまりオーナーシップの問題なんですけど，「英語は誰のものだと思う？」っていうふうに英語の学習者の人に問い掛けると，たいていの場合，「イギリス人のもの」とか「アメリカ人のもの」っていうふうに答えるんですけど，そんな時，僕は必ず，「そうじゃないよ。English is <u>your</u> language なんだよ！」っていうふうに答えるんですね。そうすると，それを聞いた人の中には「すごく安心しました。」って言ってくれる人がいる。そうやって，安心させてあげることができると，次には，自分の英語が「伝わりにくい英語かも」って思ったとしても，その「自分の英語」を使って，どうにかこうにか工夫して，少しずつ，自分の表現力を伸ばして行こうとするポジティブな姿勢が生まれてくる可能性もある。Larsen-Freeman などは，第二言語は「獲得する（acquire）」というよりは，「（自律的に）発達する（develop）」ものだととらえたほうが良いと言っているけれど，そうした「自律的発達」が第二言語の中に起こるようになったら，あとは，自分で自分の英語の能力を伸ばせるようになると思うんですよね。そういった「第二言語の発達観」は，複雑だと考えられたりすることもあるのですが，ちゃんと整理して，分析すれば，きっと，そのメカニズムが分かってくると思っています。

3.3　英語は誰のもの

柴田：私は最近そのオーナーシップのところをいろいろ考えることがあって，英語がアメリカ人やイギリス人だけのものじゃないよっていう言い方はまだいいかもしれないんですけど，英語はアメリカ人の言語じゃないよという人がいると，その言い方はまずいなと感じます。

どう転んでももともと英語はその人たちの言語。例えば，私が最近よく考えるのは，例えば，仮に日本語がリンガフランカとか国際語になっている時に日本語って日本人のものじゃないよね――日本人だけのものじゃないっていうのはまだ許容範囲ですけど――日本語は日本人の言語じゃないよねって言われたらカチンと来ると思うんです。いや，私の言語だしって思ってしまう。

冨田：いや，その点については，僕はちょっと違う考え方をしています。その「日本語は日本人（だけ）のもの」っていう考え方には賛成できないからです。僕はイギリスで日本語を教えていましたけど，日本語の学習者の中には，僕よりもよく日本語を知っている人がいたし，少なくとも，ある部分では，僕よりも詳しい人がいましたからね。

司会：だから，誰のものっていう発想がおかしいっていうか，全部自分のものだから。

冨田：オーナーシップを話すときに，母語話者というものを想定していることで，話がおかしくなっちゃうわけでしょう。

柴田：そう。だから，そこが根本にあるから話がおかしくなる。

司会：ちょっと食い違っている感じがあります。基本的には同じような感じなんだと思うんですけど，例えば，冨田さんのお話には，僕はちょっと反対っていうか違うところがあります。例えば，スタンダードのアメリカ英語が教科書に載っているのはしょうがないっていうのは，それは要するに教室で習う時にこういうものだよっていうふうに習うっていう部分ですよね。

冨田：そうです。

司会：だけど，実際に話をするっていうことになってくると，母語話者じゃない人たちとも話をするわけですよ。しかも ICT があっていろんなことができるこの時代にやっていく英語教育として，冨田さんがまさしくおっしゃっていたように，見本とか均一的な，これがいいみたいなところから離れる必要がある部分がある。それと，基本的にはやっぱりこれだよねって。基本はこれで，実際はこれっていうのは，これはなかなか難しい。だから両方やらないといけない。でも，結局そうしたら「誰の英語を勉強したらいいの？」っていうことになる。

例えば，うちの学生がマレーシアの学生と話した時の話です。異なる条件で英語を身に着けた学生たちの英語には，どちらにも通常の英語教材に出てくるような英語とは違う特徴がある。これはマレーシア英語でも日本語英語でも両方あるんです。母語の影響もありますし，それに，お互いに違う教科書を使って習っているから，やっぱり，違う教科書に載っている，違う言い方を使うわけです。例えば girl っていう単語，日本語では「ガール」となるし，マレーシア人は「ガー」って言うんですよね。マレーシアの学生が「ガー」っていうのを聞いて，日本で勉強した側は，カウ（cow）と間違えちゃった。牛と間違っちゃったというやりとりがあったりなんかして。まあ，どっちが悪いということではないし，お互い第二言語としての英語を話していて，それで，話していくうちに分かるようになることも多いんですよ。

日本語母語話者とマレー語母語話者で話すような，そんな英語の会話の中では，アメリカ英語でもイギリス英語でもマレーシア英語でも日本英語でもなくて,「彼らの会話の中の英語」ができていくんです。そういう英語を作っていくことができるんです。そういうことを練習しておくことが英語の教室でっていうか，外国語の教室っていうか，そういうところでできるはずだろうと思います。あるいは発見学習であるとか探求学習であるとか，そういうところでは，学習者自身がその学習に入り込んでいくことで，教科書にはない，あるいは，先生も想定していない，学習者自身の学びができていくんじゃないのかなって僕は思うんです。

それでも教科書を使いますよね。ここはさっき冨田さんがおっしゃったように，I you love って，間違った語順で言ったら通じにくいって言うのは本当かもしれない。教科書を使うのは，少なくとも通じる形を知っておくためですよね。あるいは通じなかったらどうやったらいいんだろうとか，あるいは書いてあることが分かるにはどうしたらいいんだろうっていうことを知っておく。それと経済性。要するに，見本をやれば経済的なんだけど，いちいち自分で考えて，その場その場で発見していくんじゃ大変だから。しかし，そこのところのバランスの問題を考えていく時代だろうと僕自身は思います。

冨田：それをやるには結構，英語の先生の力量がないと難しいと思いますね。例えば，さっきの aubergine なんていうのは 1 つの例だけど，知っている先生と知らない先生じゃ対応の仕方が全然違うと思いますね。eggplant しか知らなかったら適切な対応や指導はできませんからね。

3.4　受験と英語教育

司会：はい。すみません，私がたくさん喋っちゃって。神山さんにずっとお待ちいただいて。その後は奥田さんに話を回したいと思います。神山さん，どうぞ。

神山：ありがとうございます。冨田先生と柴田先生，僕が普段考えてない視点からの英語教育ということで勉強になりました。僕自身，アメリカのほうで 2 年間で TESOL の修士を取りまして，中学校の教員を半年して，今は高校の先生をやっています。アメリカから戻ってきてから感じていること，今先生方のお話を伺って感じることをお二人に伺わせてください。英語教育で今ちょっと中心になってるのはやっぱりコミュニカティブというか，実際に使うことですね。使うっていった時に，たぶん皆さん前提条件として，話すっていうのを中心におっしゃられているかと思うんです。ただ，僕がよく思うのが，特に進学校に行けばそうですけど――柴田先生もスライドで出していらしてましたけど――子どもたちの英語を学ぶゴールの設定とかが大切っていうのがありますけど，それがたぶん受験になってくると思うんです。受験で結局スピーキング使わないし，リスニングは 50 点ありますけど。ちょっと僕は共通英語になってからちょっとまだどういう形式になってるかは確認してないんですが，以前，僕がやってた時は結局リスニングで 50 点，筆記というかリーディングで 200 点，ライティングで…っていう感じです。そもそも 250 点でほんとにリスニングはカウントされてるのかと疑っていたりもするんですけど。

大学の先生方の中でスピーキングとかオーラル・イングリッシュがどこまで大切と考えていらっしゃるのかっていうことと，この先大学受験ってそういうところが入ってこないのかなっていうのが疑問です。先ほど冨田先生がおっしゃっていましたけど，クリエィティブな活動をさせることで学習の力が上がる。僕も Bloom のあれ，勉強しました。そうだとは思うんですけれども，それを採点する基準の時に，今度は accuracy がどれだけ入ってくるのかってなったりします。クリエィティブな力をなぜ受験で取り入れないのか。もし，取り入れるとしたら難しいからという理由であれば，そこが難しいってなると僕ら教員側も難しいです。1 クラス 40 人います。それが 1 クラスだけじゃなくて 3 クラス，4 クラス。120 人を僕らは授業も教えながら課題を出して提出させてそれを採点する。今このライフ・ワーク・バランスを考えろと言われる時代にそれができるのかどうかっていうのがあったりします。ちょっとそれてしまいましたけれども，大学入試の件に関して少し先生方のご意見をちょっと聞かせていただけたらと思っています。

司会：どちらからでもお願いします。

冨田：柴田さん先どうぞ。もし良かったら。

柴田：いや，ちょっと，今，考えているんです。

司会：じゃあ，冨田さんどうぞ。

柴田：冨田さんどうぞ。

冨田：僕は理想から言うと，日本の大学入試では，入試科目から英語を外したほうが本当は，英語を使う能力の発達のためになるのではないかと思っているくらいです。いわゆるバックウォッシュ・イフェクトと言われるものが起こってしまって，「高校の先生たちは，受験問題でこういう問題が出るからこういう授業をやるんだ」っていう論理を授業の中で使わざるを得ない部分がある。僕は，それは需要がそうなっているんだからやむを得ないと思う部分があるので，やむを得ないところがあるんですよね。僕も高校の教師を10年ぐらいやっていましたけど，その時には，その論理をたよりに受験指導の英語教育をやりましたからね。

例えば語彙をガンガン憶える指導とかもやりましたよ。「そうせざるを得ない」というか，そういうやり方を疑うなんてことはしなかったですね。そのような環境の中で，例えばスピーキングを指導しようとしても，なかなかそれを充実させることは難しいんですよね。基本的には，当時の大学入試ではスピーキングの能力は試験で良い点を取ることとはまったく無関係だったわけですから。だから先生がおっしゃっている問題は，われわれ大学の教員に投げかけられる1つの非常に強烈な批判の声だともとらえることができると思います。それをわれわれは受け止めなきゃいけないと思っているんだけど，言い訳するつもりはないけれども，それもまた，なかなか変えることが難しいんです。今おっしゃっているように，例えば，たとえば，日本の現状のように，入試での得点が「合否」に強く影響するような場合には，たとえばある1人の受験者のスピーキングの得点が，先生によって少しずつ違ってしまう場合，「なぜその得点なんですか？」と聞かれたら，なかなか説明するのが難しいですよね。少なくとも，今の大学受験のシステムの中で，そうしたことを明解に説明するだけの自信が，大学のほうにもないわけです。

例えば，予備校の方が「ある大学のスピーチの試験でこんな不適切な評価をしている」と批判したとすると，大学は自信をもって反論することが難しいようなことも起こり得るでしょう。そうなってしまうと，試験結果によって「合否」を決めるというシステムそのものが成立しなくなってしまいますからね。大学側には，そういうことは，怖くてなかなかできないと思います。つまり，僕はこの受験体制というコンテクストの中で「英語を試験科目にする」ということと，「世の中で必要だと考えられている英語を使う能力を伸ばす」ということの間には，かなりのずれがあると思うんですよね。

ただ，だんだん大学の入試のあり方についても，変わろうとしていることは間違いないとも言えると思います。例えば，今は，入試問題の中にスピーキングの要素を入れようとしていますよね。だから，こういうことを根気強くやっていって，その評価点が適切に評価できるような方法を考えていけば，入試制度と「英語を使う能力を伸ばす」ということが，マッチしていく可能性もあるとは思います。ただ，そうなるためには，少し時間が必要かもしれませんね。いずれにしても，この「評価」という問題は，すごく大きな検討課題だと思います。

司会：すみません。私の考えを言わせてください。私は，大学受験は大学に入る人を選ぶための問題なので，これは私たちが話している英語教育の「英語」とは――同じような材料を使っているんですけど――基本的に違うものだと思います。例えば，体育で大学に入ってくる人たちがいます。その人たちは，ある種のスポーツがすごくよくできる。スポーツ推薦で入ってくる。そういう人たちの体育と，一般的に健康を維持するとかあるいは柔軟な体をつくる，あるいはスポーツを楽しむというようなスポーツとは全然違う。基本的には大学受験の英語というのはどっちかっていうとスポーツ選手のスポーツみたいなことをやっているわけです。一面を鍛えてちゃんと点が取れるように。そういう点を取ってほしい問題を大学側は出す。

もう一方の，英語を使ったら豊かな人生になりますとか，あるいはいろんなことができますとか，人と出会えますというような側の英語というのは，実は，入試にはさっき冨田さんがおっしゃったような理由で向いてないんですよね。だから，これは別のこととして基本的には捉えるべきだと思っています。

プラスして言うと，大学受験でスピーキングとか，そういうものをいろいろ入れようとしているっていうのは，あんまり正しい態度だと僕は思っていません。なぜかというと，大学受験っていうのは1つの物の測り方で測られるべきものなので。英語の先生からみれば，こんな頑張っているのに，大学教員は「入学試験には取り入れない」っていうのかっていうことになるかもしれないけれども。だから，そこは，入試とは切り離した英語教育で何ができるかということを考えることから始めていく。授業で過ごす時間がとても充実している教育や豊かさを生み出す教育，つまり，今の話にもあったVUCAとダイバーシティーとICTとか，あるいは国とことばとの関係とかそういうことを知った人，気づいた人たちが新しい視点から──新しい視点っていうか，今，もう，存在していることかもしれないけど──子どもたちがより豊かな人生を送れるような社会，そして，子どもたちが豊かな人生が送るための基盤を作り出すことを先生たちが支えられるような教育を，みんなで考えていかないといけないんです。それは高校の先生も一緒になって考える。大学の教員も考える。親も考えるし，政治家も一緒に考える。そういうことなんじゃないかなって僕自身は思います。

冨田：おっしゃるとおりだと思うし，それから，今おっしゃった「人生を豊かにするための英語教育」っていうのが，仮に受験とは違うものとして存在したとすれば，その両者は完全に違う方向に向かっているベクトルかっていうと，僕は必ずしもそうではないのではないかとも思っています。つまり，たとえば，ことばのまなび工房がやっているような「異なる国の高校生の間での学校交流」の場[18] が設けられて，そこで日本の高校生とアジアの他

---

[18] にこP。第2章脚注27（97頁）を参照してください。

の国の高校生が英語で話をして，お互いに通じ合うといった活動ができたら，それが受験勉強にマイナスになるとは考えにくいですよね。つまり，そういう活動が刺激になって，受験勉強をする時にも，これまで以上に頑張ろうっていう気持ちになる可能性は大いにある。必ずしもベクトルが全く逆に行っているわけじゃない。

例えば若林さん（司会）とか僕も，基本的には昔のゴリゴリの受験勉強を通過してきた者ですよね。でも，それで喋れなくなったかっていうとそうでもないんですよね。受験勉強とは違うやり方で，自分の英語を使う能力を伸ばすことを頑張ってきましたものね。つまり，確かに先ほどの先生がおっしゃったようにこのバックウォッシュ・イフェクトは，強烈にネガティブな影響があることも事実だけれども，一方で，そうした受験勉強におけるがんばり方とは違うがんばり方の方向に学習者が向かう場合だってあるんだと思うんですね。言い換えると，受験勉強とは違う形で自分の英語能力を身につけるぞ！っていう強い意識や心意気が芽生えることもあるんじゃないかと思っていますね。

司会：ありがとうございます。神山先生，すみませんが，少し時間がありません。ここで時間について案内させていただくと，もともとは全体で 1 時間半という予定で，前回も前々回も質疑応答・意見交換は 45 分ぐらいまでにさせていただいて，その後興味のある人は二次会に移っていただく，こういう方式でさせていただきました。今回もそうさせていただきたいと思います。もう 1 人前から手を挙げていただいている方がいらっしゃるのでそちらにお願いしてよろしいですか。すみませんが。じゃあ，奥田先生お願いします。

奥田：すみません。逆に私の場合はちょっと前の話に戻って現場のお話だったので。それこそ二次会に回しちゃっていいと思うので，入試の話とかそっちでお願いします。

司会：そうですか。じゃあ，神山先生，もう一度登場していただいて。

3.5　目標

神山：すみません，ありがとうございます。そうですね。おっしゃっていることは，実際，理解はできるんですけれども。ただ，先生方の目標というか日本全体の──僕は外国語教育じゃなくて，すみません，英語教育なんですけれども──日本の全体として英語教育をどういうふうに持っていきたいのかっていうのが少し分からないというか。このまま続けるのであれば，若林先生（司会）がおっしゃったようにこのまま続けて，この英語は大学生向けの特別なものだっていうふうに割り切ってやっていくとすると，スピーキングが入ってこないのを前提として──スピーキングは入ってくるかもしれないですけど──前提として，たぶんこのアカデミックなものに偏った英語教育，つまりリーディングに偏ったもの──ライティングにはあんまり偏ってないんですけど──リーディングに偏った教育ってなると，結局大学出ても英語が喋れない状況がそのまま続くのかなという印象を僕は持っています。

柴田先生が，広島大学のほうでいろいろ学生たちが英語をできるようにってことで──オーラルのほうもできるようにってことで──いろいろ苦心されているところですし，他の先生方もそうされているかとは思うんですけれども。僕も，高校の教員，中学校も経験しましたけど，中高の教員として思うのは，手っ取り早くやっぱり出口のほうが出るところで，高校を出る段階でスピーキングができてないといけないってなったときに，それをやらざるを得ないので。そうすると喋れるように持っていくしかないので。

もし日本の英語教育の目的が英語を話せることであれば，社会に出て仕事で──商社やどこで働いたとしても──海外の人たちとやりとりができるようになるためという目的であれば，僕は早めにスピーキング──というか，スピーキングもどうやるかにもよるんですけれども。すみません，ちょっとお名前失念したんですけれども，上智大学の先生がセミナーをされていた時に，スピーキングとか入れるのであればETSとか，もう既にスピーキングとかを点数化できるシステムを持っているところがあるんだから，お金は使いますけど，先生方の労力や時間を使わずに，そこと連携してやることも可能じゃないかとおっしゃっていたので。

だから，全体的に，日本の教育はどこを目指しているのか。高校を卒業した時点，あるいは大学を卒業した時点で日本人が英語をどの程度，どういうレベルで何を目的に使うのかっていうのがちょっとどうなっているのかなっていうのを僕は思っているんですけど。これはたぶん文部科学省とかになるんですか。

柴田：なぜ，オーラルばかりに向かっているんだろうっていうのが，そもそも論としてありますよね。だって，アメリカにいたから英語ぺらぺらになったかっていうと，そんなぺらぺらにはならなかったし。

司会：そうですよね。

柴田：だから，なぜオーラルなの，何を話したいのということが問題で，身近なことが話せることが目標と言うけど，本当は身近なことを話せるだけの英語力ってめっちゃすごいですよ。

司会：神山さん，日本の英語教育がどこを目指すかってすごい大事なことなんですけど，僕が思うには，あなたが何をしたいんですかっていうことに，結局，最後は返ってくるんですよね。だから，先生たちが考えないといけない。高校の先生たちは，それこそ 30 年前から恐らく，内容としては，ある程度みんな大体似たような感じであんまり変わらずに来ているんでしょう。みんな同じようなクラスでみんな同じようにここまでやりましょうって決めて，教科書でここまでやりますって。これはそうですよね。

前回いらっしゃったかどうか分かりませんけど，前回，尾島先生が紹介されたのは，これは 1，2，3，4，5 ってやっていくんじゃなく，12345，12345，12345 って 3 回，同じことを繰り返しましょうというそういうデザインでもできるわけだし，他のやり方もあるかもしれない。いろんなことを教えていただいたんですけど，つまり，方法はいろいろある。方法は目的によっても変わってくる。

結局，じゃあ先生，あなたは，自分は――日本の英語教育はって言うと大きいんだけど――自分はどういう教育をしたのかっていうところに最後返ってくると思います。そこのところが一番問題なのかなっていうふうに僕自身は思います。

さっきの柴田さんの話じゃないですけど，僕も，高校の教員で 8 年間教えて，その後にイギリスに 4 年半住んでいます。けどぺらぺらになるわけじゃありません。でも，4 年半の大学院生生活を通して困らないぐらいにはなりました。その時英語のスピーキングテストをやったらたぶん点は取れたと思います。だけど，それは例えば商社の人が誰かと話をする時の英語とは全然違うと思います。ボキャブラリーも違うし話すストラテジーも違う。もともとゴールが違うわけだから，何でやるのっていうところに結局帰ってくるんじゃないかと思うんです。少し練習したらできるようになって，それで英語ができる日本人になって外国人とやりとりできるみたいなのは，空想の世界です。

実際に，大学の工学部の学生は，外国で自分たちの研究を発表するための勉強をするので，工学部の子たち，アカデミックなプレゼンの場面でうまく喋れたりします。私は通訳のバイトもしていたことがありますが，工学系の日本人が来てイギリス人相手に話をすると，専門のことはちゃんと話します。通訳は要りません。でも，その後の休みで，じゃあ，お茶を飲みましょうっていう時は分からないので，通訳の出番になるっていうそういう感じなんです。だから少し，英語ができるというのはイメージですね。日常会話は簡単にできるとか，あるいはみんなに向かって話をするスピーチは難しいとか。実際には，スピーチはできるかもしれないけど，これも，例えばオーディエンスが多かったら難しいか少なかったら難しいかと言えば，どっちかというと少ないほうが難しかったりとか，そういうこともあります。

スピーキングといった時の「スピーキングって何」ってことをずっと落とし込んでいって，この授業，この 1 年間，この半年で目の前にいる子たちに何させてあげたいのっていうところに戻ってきて，またそういうのをわれわれは考えてそこから理想の英語教育みたいなものを考えていく。あるいは──理想の英語教育って言っちゃうと変だな──「英語の教室で何ができるか」を考えていくという，そういうことに帰ってくるんじゃないかと僕自身は思うんです。

受験に取り込むっていうのは，全体に平等にやらないといけないという原則があります。受験における点数は，基本的には受けた人に対して，どういう問題でどういう点を測っているかが説明できないといけないという原則があるので，非常にそこは難しい。

冨田：高校の場合って，学校によって全然違うって最初に言いましたけど，僕の場合の経験で言えば，受験に全く関係ない高校のほうが，ずっと自由に面白い英語の授業をできていたというふうに思うんです。それはどうしてかというと，生徒たちが受験を意識する必要がなかったので，かなり自由に歌を歌ったり，ゲームをやったりとかいうことができたんですね。逆に言うと，そうしないとみんな授業中に眠ってしまうので。だから，本当に生徒たちが望む英語教育をやろうとすると，どうしても受験勉強っていうものが，足枷になってしまうことは事実だとは思うんですね。ただ，「受験勉強があるから本来の英語教育ができない。」というふうに簡単に言いきっちゃうのは，ちょっと早すぎるようにも思いますね。例えば僕がいわゆる受験校で英語を教えていた時に，どんなことをやっていたかというと，当時はまだめずらしかった ALT の方にお願いして，英語の会話の練習をとり入れていたんですが，そんな時には，普段は受験勉強ばかりしていた高校生たちも，すごく興味をもって，楽しそうに英会話の授業に参加していましたよ。つまり，英語の教師が「受験があるから無理」といって，自分が教えたい英語の授業を簡単にあきらめるのは早すぎるとも思いますね。今の時代だと，当時と比較して比べものにならないくらいインターネットや ICT を使った教材もたくさんあるので，それらを有効に使って工夫すれば，いろんなことができるはずだと思います。だから，あるところで簡単に諦めちゃって，「受験があるんだから受験だけのための英語教育をやるんだ」っていうふうに結論づけちゃうのはやっぱり早すぎるような気がするんです。もっともっとやれることがあるんじゃないかと思うんですよね。

一方，大学の教員もそれはおっしゃるように大学の受験を考えて改良していくっていうことも僕は絶対に必要だとは思っています。そうやって，高校と大学の教員の両方が，あきらめないで，望ましい英語教育のあり方を，ねばり強く追及していくべきなんじゃないかと思いますね。

3.6　機器

司会：すみません，ありがとうございます。神山先生，またいろいろお話しされたいと思いますけど，1 つ質問が来ているのでそちらに行かせてください。山下さんから Duolingo の話を少しお願いしますってことなんですけど。これをここに重ねてちょっとだけお話しさせていただくと，Duolingo って日本語を学ぶってことにならないのかなとちょっと思っていますがどうですか。

冨田：英語でドイツ語を勉強したりもできるので，必ずしもそうとは言えないと思いますよ。

司会：そういうことも含めて，よく知らない人にちょっとだけ紹介していただいて。せっかくだから Duolingo はこういうふうに使います，みたいな話も含めてお願いします。

冨田：Duolingo の話をしようと思ったのは，これは要するに機器の使い方なんですけど。例えば Poketalk なんかのほうがもっと分かりやすいかもしれない。Poketalk っていうのは日本語を入れれば外国語がぽんと出てくるわけです。これは異なる言語の話者の間のコミュニケーション用のツールなんですが，これを使っているだけでは，いつまでたってもそれを使っている話者の外国語の能力が伸びるわけではないですよね。だけど，使い方を少し変えて，Poketalk や VoiceTra のような「翻訳用の機器」を，自分の外国語の能力を伸ばすための『パーソナルトレーナー』として使おうと思えば，そういう使い方もできるわけです。最近の外国語のコミュニケーション用のツールは，使い方をちゃんと工夫すれば，自分の外国語の能力を伸ばすための道具として使うことができる。つまり機器っていうのは「使い方」が重要だと思うんですね。

Duolingo の場合は，最初から自分の英語能力を自分で伸ばすためのアプリなので，まさに，オートノマス・ラーニング (autonomous-learning)，日本語で言えば「自律学習」のためのアプリということになると思います。オートノマス・ラーニングっていうのは何かっていうと，先生がいない状態で「学習者が，自分の意志で，自律的に外国語の能力を発達させること」です。例えば，うちの息子なんかは，今までに全く聞いたこともない外国語に興味をもっていて，Duolingo を使っていろいろな言語を楽しそうに学習しています。そうした学習の場合は「学校で良い成績をとりたいから」ではなくて「単純に楽しくてやっている」だけです。先生が存在しないわけですから，先生に気に入られたくてやっているわけでもない。Duolingo の場合であれば，様々な言語が組み込まれているので，実に多様な言語を自分で選択して勉強することができる。例えば，日本の小学生だって，何も英語だけしか学べないわけではなくて，韓国語をやりたかったら韓国語を自由に伸ばすことだってできるわけです。

つまり何が言いたいかって言うと，さっきの問題に立ち戻るんですけど，外国語の習得というのは，オートノマスな（自律的な）ディシジョン（決定・選択）で，自分が学びたい言語を，自由に，自分のペースで学ぶことが理想的なわけですが，そうした「理想的な学習」が，今は Duolingo のようなアプリを使えば，簡単にできるようになってきたわけです。

今の世の中では，多くの人が「外国語は学校で先生に学ぶもの」っていうふうに考えているわけですけど，外国語が使えるようになった人は，「他人に教えられて学んできた」というよりは「自分で伸ばしてきた」って思っているはずです。つまり，実は「教えられた外国語能力」って，そんなに重要じゃないわけです。むしろ「自分で伸ばしてきた外国語の能力」のほうがずっと重要なはずです。特に，一定の高い外国語能力を身につけた人の場合には，そういうことを実感しているに違いありません。つまり「自律的に学ぶ」ことこそが，本当は一番「効果的」なわけで，極論的な言い方をすれば「学校はなくたって，外国語は習得できる」と思うんですね。そして，Duolingo は，まさにそうした「自律的学習」を手助けしてくれるアプリという意味で，とても重要な存在だと思っています。

Duolingo が何でこんなに世界的で広く使われているかというと，たぶん，そういうことが一番の理由だと思いますね。つまり，誰かに助けてもらわなくても，アプリがあれば自分で自律的に，好きな外国語を選んで，自分のペースで学ぶことができるっていう点ですね。これはある種の革命的な外国語学習の形態だと思っていて，私のゼミの学生達には，いろんな言語を――例えばフランス語やドイツ語や韓国語のような，英語以外のいろんな外国語を――「Duolingo でやってごらん」って，言っているんです。そうしたことを積み重ねて行くと，いわゆる多言語教育への道も開けてくるんじゃないかと考えてもいます。

司会：ありがとうございました。

第 4 章

白畑知彦・松村昌紀

最終回は，第二言語習得研究を中心とした研究と実際の英語教育に関する研究の 2 つの領域で長年にわたり活躍してこられたお二人に話していただきました。白畑先生は生成文法理論に基づく学習者の言語知識・習得の解明や文法指導の効果などが専門で，松村先生は複雑性ダイナミックシステム理論に基づく言語習得研究や教室での活動（タスク）を中心とした英語教育研究が専門です。お二人の言語知識や言語習得の捉え方は対立的でもあり相補的でもあるように見えますが，英語教育に対する根本的な考え方は共通しているように思えます。お二人のご講演は，「英語の教室で何ができるか」について，この問題に関する参加者の皆さんに「身近にあるがこれまであまりよく見えていなかったもの」を捉え，より詳しく考える力を与えてくださるに違いありません。

1. 生徒への教師の問いかけと深いまなび

白畑 知彦

博士（文学）（大阪大学）。静岡大学名誉教授。日本第二言語習得学会初代会長。第二言語習得の立場から英語教育に貢献することを考えるときに有用な研究を数多く発表し，初学者向けの入門書の著書も多い。『英語教師がおさえておきたい ことばの基礎的知識』単著（大修館書店，2021 年），『教科開発学を創る　第 3 集』分担執筆（愛知教育大学出版，2021 年），『英語のしくみと教え方 ── こころ・ことば・学びの理論をもとにして』共編著（くろしお出版，2020 年）など，多くの著書・論文がある。

1.1 はじめに

まず，なぜ私たちは人と話をするのか？メールでやり取りするのか？ということを考えてみたいと思います。それは，何かを相手と話し合う必要があるからです。伝えることがあるから，私たちは話し，書き，聞き，読むという活動を行います。この当たり前を，英語学習の時にも大切にしたいと思っています。必要があるから相手と話し，ことばを使うという，そういうことだと思います。

このワークショップのテーマは「英語の教室で何ができるか」ですね。このテーマに沿ってお話をさせていただく前提として，日本の教室での英語学習環境を整理しておきたいと思います。日本の英語学習者 ── 日本の小学校，中学，高校，大学の教室で学ぶ英語学習者 ── には，その学習環境として，一般的に下のような特徴があると思います。

a. 教師の指導を受けながら教科書を使用して学習する。
b. 教師はたいてい 1 名で，英語の非母語話者であるが，母語話者の ALT が授業に参加することもある。
c. 授業時間数が限られている。
d. 中学校，高等学校の場合，新たな文法項目，語彙を次々に習って行く。
e. 1 クラスの人数は数十名である。
f. 教室外で英語を使用する機会が少ない。

このような学習環境の中で，「英語の教室で何ができるか」ということを考察する必要があると思います。今回の私の話では，「問いかけ」と「教師の役割・力量」について考えてみたいと思います。中学校，高等学校，大学での英語授業を視野に入れつつも，今日は，特に，中学校と高等学校での英語教育について考察していきたいと考えております。

1.2　教師の問いかけ

まず，教師の問いかけということからお話ししたいと思います。英語学習者は「コミュニケーション活動」という名のもとに，口頭で練習をおこなうわけですね。しかし，時としてこのコミュニケーション活動が表層的なもの，つまり，あまり深く考えないで行えるような活動になってしまってはいませんか。そういったコミュニケーション活動に面白みは感じられません。たとえば，ほぼ何の脈絡もなく，英語の授業でクラスメートから，Do you like baseball? とか，What time did you get up this morning? などと質問されても，私がもし中学生，高校生だったら，「どうしてそんなことを英語の授業で質問されなくてはいけないのだろう」と思うだけで，知的なワクワク感はまったく起こりません。たとえ，教室という制約の強い学習環境の中での質問だと分かっていても，そうだと思います。

少なくとも日本では，生徒たちはこういう活動を頻繁に強いられているせいなのか，もう慣れっこになってしまっているせいなのか，または，そういうことを聞かれたり質問したりするのが英語の授業なんだと洗脳されてしまっているせいなのか，よくわかりませんが，とにかく「似非コミュニケーション活動」を我慢してやっている生徒も少なからずいるのではないでしょうか。

英語のレベルは高い人，低い人様々だと思うんですが，認知レベルは既に高くなっているのが中学生，そして高校生です。したがって，彼らの認知レベルを考慮した授業をすべきでしょう。簡単な英語ばかりのやり取りでは，中・高校生をばかにしているのではないでしょうか。話題が中・高校生をなめているのは良くないですね。彼らのやり取りする中身が，先ほどの英語と似てますけど，What fruit do you like? や How many brothers and sisters do you have? というのでは，あまりにも簡単すぎます。

今回議論することの 1 つは，教師の生徒への「問いかけ」の重要性についてです。この問いかけの良し悪しで，授業が知的興奮に包まれるか，眠気をおさえて耐え忍ぶ地獄の時間になってしまうかが決定すると言っても過言ではありません。つまり，今日の私の論点でもありますけど，「教師は，教科書の各レッスンの学習テーマに沿って，答えが 1 つとは限らない問いかけを学習者に与え，彼ら独自の考えを引き出す工夫をしていくべきである」ということを強調したいのです。

私のいうコミュニケーション活動とは，A: Do you like sushi? B: Yes, I do. How about you? A: I like spaghetti. B: I see. といったような表層的な会話ができるようになること，またはすることを指しているのではありません。このようなやり取りは，もちろん小学生のような初級学習者には悪くはないのかもしれませんが，はっきり言って，私にはまったく面白みに欠けます。深い思考のやり取りがないからです。誰でも簡単に表現できるようなコミュニケーション活動は真の意味でのコミュニケーション活動ではないと思います。

認知能力の発達してきている中学生以降の学習者にとって，本当に面白く感じるのは，最初から答えが分かっているような問いに答えることではないと思います。いろいろな答えがある問い，つまり「正答」と言えるかどうかは別としても，答えが簡単には見つからない問いに対して，まあ幾分，ブロークンな英語になってしまおうとも，自分の思いを一生懸命に相手（教師やクラスメイト）に伝えるようなやり取りが重要だと考えます。「それって本当はどうなんだろ？」と，答えが簡単には見つからない問いに対して，必死で自分の意見を探すことが重要ではないでしょうか。そして，その意見に対してまわりが答えます。「ああ，あなたはそういうことを言いたいのね。でも僕は／私はこう考えるよ。」

定形表現を覚えるためだけの内容のないインタラクションではなく，思考をやり取りするインタラクションです。教科書に書いてある内容を少し変えて言うだけのストーリー・リテリングなども，筆者にはさほど知的活動であるとは思えません。教科書を読み，そこに書かれている内容を把握し，ストーリーをリテリングするだけの活動ですね。その後でペア活動はやるものの，同じストーリーを，絵を見ながら相手に伝えるだけの活動。そのような活動に対して，少し気の利いた学習者は，「もうそんなの分かってるよ。だから何？」となりそうな活動。その質問の答えが分かっているようなインタラクションを「コミュニケーション活動」だと言って繰り返し行っても，知的満足度は得られないのではないでしょうか。「英語の授業はできるだけ英語でおこなおう。訳読だけではだめだ」と思っている教師の中でさえ，ストーリー・リテリングをして終わりという教員もいます。それだけで終わりでは大変もったいないと思います。それは単に本文を言い換えただけの活動で，思考のやり取りとは言えません。

教師は答えがなかなか見つからないような問いを考え，そして学習者に問いかける。学習者にかける問いを大事にしようということです。知的興奮のする授業を教師が創り出すことを繰り返せば，学習者は自ずと教科書を真剣に読み，自分の意見を書き，相手の意見に耳を貸すようになって行くと私は考えます。究極的には，英語ができる，できないの問題ではなくなってきます。面白い問い，興味深い問い，探求する価値がある問いに対して，我々は答えたくなってくるわけです。聞いている方は，「君のその意見って面白いよね。」と感じる。今度は自分の意見を模索する。そして発言する。「でも，僕／私はこう思うんだけど。」母語である日本語を通してのディスカッションも同じだと思います。そして，英語ができる，できないを越えたところにある，高次な思考のインタラクションができるように，教師は学習者を導くべきであると考えます。

1.3　具体例 1

ここで，具体例を出していきたいと思います。筆者が授業見学に行ったある静岡県内の高校，そこでは「英語コミュニケーション I」の授業として，『Heartening I』（桐原書店）を使用していました。見学した授業は，4 月でしたので，Lesson 1: Bringing Out the Best in Himself のところを学習していました。このレッスンでは，アメリカのプロ・バスケットボール・リーグ（NBA）で活躍中の八村瑠偉選手を扱っています。本文をありきたりに読めば，八村選手は中学生の頃からいろいろな困難に直面しながらも，バスケットボールを続け，大学進学とともにアメリカに渡り，そこでもことばの問題を含めて苦労したけれど，NBA のドラフト会議にかかり，Washington Wizards から指名を受け，プロとしてアメリカで活躍し，少年時代の夢をかなえることができました，すごいね，という話になる。しかし，単に本文を読んで内容を要約して終わりとする授業では生徒の知的好奇心は湧かないのではないでしょうか。授業参観しながら，もう少し工夫はできないのかなと私は思いました。

そこで，私は次のような内容を考えてみました。このレッスンの中心的なテーマは「ドリーム（夢）」です。このテーマを生徒と共にもっと深めていきたい。とは言え，「みなさんの夢は何ですか？お互いに聞き合おう。」のみでは，やはりまだまだ面白みは出て来ないような気がします。たとえば，自分の夢を生徒同士で言い合った後で，「それでは，みなさんの夢をかなえるためには何が必要だと思いますか？」と尋ねるのはどうでしょうか。生徒は，「それは何だろう？」と，きっと考えると思います。そして彼らからは，次のような語も含まれている答えが返ってくるのではないでしょうか。motivation, passion, teacher, money, talent, good luck, effort, などなど。

で，先生が言います。「なるほど。いろいろと出てきましたね。それでは，次に，みなさんが大事だと思うものから順番をつけてみようか。どれが最も大事だと思う？」ここでもいろいろと考えると思います。「では，八村選手の場合はどうだろうか？」「八村選手が夢をかなえるために一番必要だったことは何だろう？八村選手が夢をかなえるために頑張ったことは何だろう？motivation, passion, teacher, money ？ それを念頭に入れて，もう一度本文を読んでみよう。」このような問いかけをします。

実際のところ，八村選手が夢をかなえるために必要だったことは，本文には直接的に書かれてはいません。いませんが，ヒントとなる表現や語がちりばめられています。それらを見つけ出そうと，生徒は必死になって教科書を再読し始めると考えられます。

このような活動をした後で，教師があらかじめ用意してきたユーチューブなどを見るのはどうでしょうか。たとえば，世界の貧困に苦しむ子ども達を扱っている動画などです。「この子たちには夢があるのだろうか？」「自分の夢に向かって passion を持つことができるのだろうか？」「現在戦争に巻き込まれているウクライナの子どもたちには夢があるのだろうか？」とか。こういったことを学習者同士で考えさせたいと思います。

ALT が活用できるようであれば，ALT と日本人教師（JTE）とで意見交換することも可能でしょう。「私はこう思うけど，○○先生（ALT）はどう思う？」そうすると，ALT が JTE に向かって自分の意見を言ってくれる。そして，それに対して JTE のあなたが再び自分の意見を言う。この 2 人のやり取りを生徒に聞かせるわけです。その後で，「なるほど。じゃあ，みんなはどう思う？」という問いかけを生徒にします。このような ALT とのやり取りの際に，時には，日本人教師の英語力が足りなくなって困っているような姿を生徒に見せるようになるかもしれない。しかし，教師は何かを懸命に喋ろうとしている姿を見せることができます。そして，生徒たちはそれを見ています。おそらく，教師であるあなたの頭はフル回転していて，同じように，生徒たちの頭もフル回転しているに違いありません。

1.4　具体例 2

別の高校の英語の授業では，ペットを題材としたレッスンを学習していました。ここでも，ペットの話を読んで終わりでは面白みに欠けていると思います。再び，いまからお話しすることは私の授業案です。「みなさんの多くがペットが好きだ，ペットを飼いたいと言っていたけど，もしペットを飼うなら何が良い？」「dog, cat, fish, bird, pig, crocodile, lizard, snake」などなど，いろいろな返事が返ってくるんじゃないでしょうか。「では，なぜその動物が良いの？」と聞けば，「かわいいから」「愛らしいから」などの答えが見込まれます。

そのあと，ここで，ある数字を出します。「さあ，これは何の数字だと思う？」この数字は，実は，日本で年間に殺処分されているペット（動物）の数です。その数を見て，生徒はかなり多くの動物が処分されていることを認識するでしょう。そして，きっと驚くに違いありません。この後，再び別の数字を出す。それは各ペットの平均寿命です。大抵の動物は人間よりもずっと寿命が短いです。飼い主は彼らの死を受け入れなくてはなりません。そういう現実があります。「それでもペットを買いたい？」「最後まで面倒見る自信はある？」さらに問いを深めていくために，殺処分を防ごうとしている団体の取り組みについての文章を読みます。または，ビデオで観せてもいいでしょう。ユーチューブなどから見つけることもできると思います。

こういう授業というのは，高校生や大学生でなくても可能だと思います。国語の授業であるなら，小学校でも扱う内容です。もちろん進学校でなくともできます。心を痛めたり，揺さぶられたりする内容の素材が教科書には溢れています。教師の工夫次第で，さらに興味深い内容に昇華することもできるでしょう。

以上のような話をしますと，「白畑先生の言わんとすることは分かるけれど，実際問題として，英文法が全然わかってないのですよ。だから，まずはそこから始めないといけないのです。」というコメントをいただくことがあります。もちろん，文法学習は必要です。そこを疎かにしてはいけません。しかし，大事な文法も，使う必要性が低いとなかなか覚えられません。逆に，必要性があれば，自ら積極的に覚えようとすると思います。

別の観点から，それでは，英文法を時間をかけて教えれば，しっかりと覚えて，その後は誤りをせずに使えるようになるのかという疑問もあります。私の答えは否定的です。高校では『総合英語』という分厚い市販の英文法解説書に人気があって，たくさんの高校生が持っていますが，その参考書を勉強すると，間違いをすることなく英文が書けるようになるのかという疑問も私には生じます。それよりも，中学校，高等学校の英文法学習は，「試行錯誤して使っているうちに次第に覚えていく」やり方のほうが良いと思います。使う必然性のある文脈を提示して，その文脈の中で次第に正確性を高めていくやり方です。

誤りも逐一丁寧に直すことはないと私は思っています。比較表現であれ，仮定法であれ，必要があるからその表現に関連する文法を覚えることになります。他のどの文法項目であれ，「それらを使えばもっと適切にメッセージを伝えられるよ」という示唆を教師は与えるべきであり，そのような授業展開をすべきであると思います。理想は，こういうことを言いたいから，そこに当てはまる文法を覚えることです。機械的なパターン学習でテストの点数が取れる子を育てるのが良いとは思いません。やはり，英語学習を通して深く考える力を養成すべきであると私は思います。

日本には Can Do list，または CEFR-J なるものがあります。[1] ヨーロッパからの輸入品ですけどもね。文字通り，「〜することができる」という項目の難易度リストですが，残念ながらこのリストには，「深く考える要素」は掲載されていません。技能面についての大雑把で抽象的な文言しか載っていません。もちろん，技能の習得は大事です。しかし，技能，技能と言い過ぎると，先ほどの例で言えば，「自分の夢について適切な構造の英文を使用

---

[1] CEFR とは，Common European Framework of Reference for Languages: Learning, Teaching, Assessment（外国語の学習・教授・評価のためのヨーロッパ共通参照枠）のことで，「シー・イー・エフ・アール」とか「セフアール」と発音される。ヨーロッパ協議会が 2001 年に発行したヨーロッパにおける外国語学習，教育，および評価のガイドライン。この CEFR に準拠して日本人英語学習者の英語到達度指標を示した日本版が CEFR-J である。第 1 章の脚注 18 も参照。

して言えました，はい終わり」になってしまいかねません。深いディスカッションをすることを目標にしたいと思います。学習者に，英語を使用させることで，本人の現段階での英語能力の限界も感じさせつつ，そのため，「もっと英語ができるようになりたい」という気持ちを起こさせることが大事なのではないでしょうか。

1.5　教師の力量

次は，教師の力量という話をしたいと思います。生徒に英語を使用させるためには，必然的に教師も英語を使用する必要があります。生徒に英語を使用してもらいたければ，教師が率先して使用すべきです。英語を話す身近な模範（モデル）とならなければいけません。しかし，時として教師が英語で指示を出した際に，何人かの生徒が「分からない」といった顔をする場合があります。私も大学の授業でよく経験します。事実，そのような時はどんな指示が出されたのか，学習者たちは理解できないのでしょう。生徒は何をしていいか分からない時が一番不安だと思います。教師は生徒が理解できない指示を出してはいけないことになります。

一方で，生徒には教師の言う英語を分かろうとする姿勢を身につけてもらうことも必要です。では，どうしたらよいか。我々は，生徒が英語で分かるまで英語で話すしかないと思います。なんとか理解してもらうよう工夫するしかありません。先生が根負けして日本語で話し始めた瞬間，「ああ，この先生は，最後には日本語を話してくれる先生だ。」と生徒は思うと思います。そうなると先生の負けです。ですから，根負けしないことが大事だと思います。

現在の英語検定教科書には，本文の内容に関するいくつかの問いが作られています。英問英答できるような問いです。しかし，分析してみると質量ともにそれだけで十分だとは言い切れないような気がします。教科書に作られている問い以外にも，生徒の考えを揺さぶるような面白い問いを，教師は工夫して作成する必要があります。何度も言及しますが，「あなたはどう思うか？」という問いかけですね。そのためにも，まずは教師が勉強して，考えなければいけないと思います。深く考えなければいけません。教師は生徒が勉強したくなるような場面設定を作ることが大事です。

より良い発問，答えが１つではない問いを考え出すには，ネットの活用や教科書の付属教材の活用なども考えられます。関連する教材をネット等で探す。しかし，適切な題材をすぐには見つけられないかもしれませんし，見つける作業はなかなか大変です。分かっているけど，忙しすぎてできないという教師はいるかもしれません。会議，部活，生徒指導，先生が忙しすぎるのは間違いありません。教える以外のところで疲弊している先生もいらっしゃいます。学校にいる間中，何か用事をしており，教材研究など，自分の時間に使えている教師が非常に少ないと聞いています。昔はそれほどまでに忙しくはなかったようですが，今は大変忙しいようです。忙しさを解消するために，教科書会社への要望が私にはあります。それは，表面的な内容を越えたところでの副教材，そして内容についてのインタラクションがもっと起こるような副教材をさらに充実させていただきたいというお願いです。

強調したいので繰り返しますが，興味深い問いを作り出すには，教師側にそれを考える時間が必要です。教師は時間をかける必要があります。相当に教材研究をする必要がありますが，一方で，その見返りは大きく，知的好奇心を刺激する問いかけをすることで，必ずや学習者は話し出し，議論が白熱すると思います。これを毎回毎回繰り返し行えば，最終的には学習者の方から勝手に話し出すと思います。ワクワク感のある授業をすれば，単に機械的な授業を受けるよりも生徒の英語能力も向上すると私は思います。知的興奮，ワクワク感を出したいということです。「今日の英語の授業ではどんな面白いことに出会えるだろうか？」生徒たちにこのような気持ちを持たせて英語の授業に臨ませたい。そう思います。扱っている内容に興味があるから一生懸命に学習するわけです。そして，関連事項を読み，聞き，話し，書くことを厭わなくなるのではないでしょうか。

訳読することにも少し触れたいと思います。訳読することは決して悪いことではないと私は思います。しかし，英文を日本語訳さえすれば，生徒は英文内容を理解すると考えるのは，少々早計なのではないでしょうか。本当に和訳さえすれば英文内容が理解できたと言えるのかどうか，もう一度考える必要があります。訳読や教科書丸暗記のみの授業を越えたところでの英語教育を模索していく必要があります。中学生，高校生，大学生が興味を持つような中身について，英語の授業では議論をしていきたいということです。

1.6 まとめ

最後のまとめです。以上，「英語の教室で何ができるか？」に関して，私の今日の論点をまとめると次のようになります。つまり，それは生徒への教師の問いかけにかかっているということです。教師は教科書で扱っている題材を軸に，生徒がさらに深く考えることのできる問いを考え，それを生徒に投げかけ，興味深い思考のやり取りを演出すべきです。そのためには，教師は教科書を熟読し，発展的な話題を自ら考案するとともに，補助教材を利用したり，インターネット等でも探す工夫をしたりしなければいけないと思います。要するに教師の努力にかかっているということです。

最後に謝辞です。本発表をするにあたり，有意義なディスカッションをしてくれた鈴木智久先生 ── 高校の先生です ── と素晴らしいパワポを作成してくださった箱﨑雄子先生に感謝申し上げます。以上です。ご清聴ありがとうございました。

2.　英語の教室をどのようにできそうか

松村 昌紀

学校教育学修士（兵庫教育大学）。第二言語習得研究と言語指導をつなぐための方法を研究し，近年は「タスク・ベース」をキーワードに英語の指導法や教室活動のデザインについての提言を行ってきた。関連する著作に『タスク・ベースの英語指導──TBLTの理解と実践』編著者（大修館書店，2017 年），『タスクを活用した英語教育のデザイン』単著（大修館書店，2012 年），『英語教育を知る 58 の鍵』単著（大修館書店，2009 年）など。

2.1　はじめに

これは「英語の教室で何ができるか」を全体テーマとするワークショップですが，私が話すのは「英語の教室をどのようにできそうか」ということです。ここまでのワークショップの流れから，国内外他校との交流プロジェクトや地域共同体との協働，そのためのテクノロジーの利用可能性といった内容を期待されているようにも感じるのですが，率直に言って私自身はあまりそういうことを考えたことがない。私がふだん考えているのは，言ってみればそれ以前の問題です。もちろん私もウェブ・コンテントやツールの利用ならそれなりにするのですが，毎週，毎日，私が考えているのは，「英語が苦手で抵抗感を持つ学生たちをどうやって英語のユーザーとして機能できるようにし，それによってひとりひとりの人生を豊かにしてやれるか」ということ，そして「そのためには英語の教室そのものをどんな環境にすればいいのか」ということです。今回のタイトルはそのようなことを話題にしたいと思って設定したものです。これから，現在の学校教育での英語指導が実際どういうものになっているか，3つの側面に限って私の理解するところをお話しします。そのうえで，そこに含まれる問題や限界だと考えられていることのいくらかでも「どのようにできそうか」を検討してみましょう。主に中学校と高等学校の教室を念頭に置いていますが，大学やその他の場での指導にも当てはまることはあると信じています。

2.2　英語教育の教室はどのようか

2.2.1　馬の前に荷車を置く

英語指導の現状に関する最初の問題提起は，20世紀前半に心理学者ヴィゴツキーが提示した発達理論に関連づけて行います。人間の新しい能力は何らかの媒介手段に支えられた協働的な場への参加を通して生まれてくるというのがヴィゴツキーの基本的な考え方で，言語はさまざまな能力の獲得と発達過程で用いられる重要な媒介手段の1つとされています。近年の日本で，文部科学省が言っていることはひとまずこれに矛盾していないようです。こういうことですね――「情報機器や手持ちの認知能力を媒介として駆使しながら，議論や課題解決を絡めたアクティブなやり方で，英語での思考や判断や表現を経験させれば，英語の力がついていく」。しかし，私はかねてより本当にそういう話でいいのかという疑問を感じています。なぜなら，外国語の指導というのはさまざまなことを行うための媒介手段そのものを育てる作業だからです。媒介となる言語があって，それが思考や判断，そしてその中身の表現を可能にするはずなのに，後者を要求すればそれで媒介手段が育っていくと考えられていて，話が転倒しているように感じられるのです。

今ふれたように，最近は学習指導要領の指針に沿って，英語の学習過程に思考，判断や表現の要素を盛り込むことになっています。そのために教室で行われていることは，自己紹介をする，自分の街を紹介する，姉妹校に送るために（という設定で）学校生活に関するメールのメッセージを書く，あるいは何かを考えて決めるといったことです。そのような活動を，ではいったい何が媒介しているのでしょうか。答えは明らかなように，私には思えます。つまり，その時点で備わっている認知能力，そして母語である日本語を媒介として，生徒たちはそれらの課題をこなしているのです。それによっていわば「英語でコーティングされた作品」を出力することはできるでしょう。しかしそこから，まさにそれらの課題を，英語を媒介として用いて行うための能力が，はたして身についていくでしょうか。私はこの点でいわば「馬の前に荷車を置く」(to put the cart before the horse) ことに類する間違いを，今の学校英語教育は犯しているような気がします。このことは明白で，誰もが実は分かっていることだと思っていたのですが，最近になって文部科学省にはもしかしたらそのことへの認識が本当に欠落しているのではないかと疑われてきました。教科書を含む教／学材の製作者や教育委員会，そして英語の先生ひとりひとりにも，このことをよく考えてみてほしいと思います。

これは重要な問題なので，さらに具体的に考えてみましょう。教科書に次のような課題が掲載されているとします──「SDGs（あるいは地球環境，多様性と共生など，現代の何らかの課題）を意識して，自分にできることを考えてみよう」。今日的なテーマを扱う課題として実際にありそうなものです。この課題が教室で実際どのような手順で進められることになりそうか，さらに想像してみます。生徒は最初に，示されている誰かの意見をモデルとして読むのではないでしょうか。「まずはインプット」という原則に，まさに「教科書どおり」に従って。それから生徒は自分ができることを考え，おそらくその内容を「お手本」に即して書いてまとめ，さらにそれを口頭でプレゼンをしたり，ポスターを作って自分の考えたことを説明するよう求められたりするでしょう。それらの活動がひととおり終わると，最近では生徒が「自己評価」を行うことも奨励されています。その観点は「自分の考えを自信を持って発表／レポートできたか」といったものかもしれません。しかし，仮に生徒がそれらの課題を首尾よく完遂できたとして，そこで自信を持ってやれたこととはいったい何なのでしょう。こういうことではないでしょうか──「媒介手段として日本語を用い，作品としての文章原稿を作り，それを読んだ」。それは英語を媒介として何らかの思考や判断ができる力とは全然違います。こういうことが続けられるのなら，日本人の英語力向上にはこれからも期待できないでしょう。これが私の目に映る，現在の学校における英語指導が抱える１つ目の問題点です。

2.2.2 練習アプローチ

英語の指導にまつわる２つ目の問題提起は「練習」についてのものです。技能向上のために練習が奨励されるというのは一般的なことで，英語教育の世界でもよく耳にします。多くの先生が「言語を学ぶこととは単語や熟語を覚え文法を理解してから，たくさん練習してそれらを使いこなせるようになることだ」と言うかもしれません。ここではそうした考え方を「練習アプローチ」と呼んでみましょう。そしてこのことの検討を，そもそもこのアプローチが有効な技能の領域とそれが向かない領域について考えることから始めたいと思います。楽器演奏やダンスの練習を考えてみてください。通常そこでは達成すべき技能が左右の手，あるいは手と足の動きなどのパーツに分解され，お手本にしたがって最初はゆっくり，その後徐々にスピードを上げて練習していき，最後にすべてをつなぎ合わせるという方法が取られています。私はどちらもごく初歩的なことをやったことがありますが，この方法が有効であることはそれらの経験からも納得できます。ただし，考えてみるとその練習というのは，決められた動きを再現しようとして行っているものです。楽器演奏やダンスも芸術の域に至ればもはや「決められた動きの再現」ではなくクリエイティブな表現の世界になるでしょうが，ここではそれ以前の基本的なトレーニングのレベルで考えています。一方，言語の使用というのは絶え間ない状況判断と適応を要求されるものです。そのような技能で「パーツに分けて統制的な練習を積み重ね，自動化と統合を目指す」というアプローチが最善かどうかは検討の余地があるでしょう。

スポーツの練習についても考えてみましょう。変化する状況への絶え間ない対応が求められているという点で，楽器やダンスの練習とは違う話になります。スポーツの練習を何のためにするのかと言えば，試合でオートマティックに体が動いて，テニスならボレーのとき体を閉じる，ラグビーなら「ここであのステップだ」など，必要なとき瞬時にそのことができるようになることを目指してのことですよね。しかし，そういう目標設定が成り立つために，実は前提になっていることがあります。すなわち，それ以前にもっと根元的，基本的なことはそもそも本能でできるということです。全力で走るとか，物を思いきり投げるとか，敵が掴みかかってきた時によけるとか，穏当ではないですが殴る，蹴るとか。そのようにもともと本能でできることをより洗練させ，その種目で要求される動きに特化して体のコントロールを最適化すること，これがスポーツにおける練習の目的です。

ことばを使うことにおいては，スポーツの場合とは対照的に，そもそも本能に従うだけでできることは基本的にありません。あるとすれば，怒りや恐怖を感じたときに叫ぶとか，ジェスチャーで意図や情報を伝えるといったことくらいでしょうか。今したスポーツの話に即して言えば，統制的な練習が効果を持つとしたら，あるいは持つためには，曲がりなりにもその言語でコミュニケーションをできるというベースがまず存在していることが必要になります。言語習得の研究者ならそれを「暗黙的な知識」(implicit knowledge) と呼ぶかもしれませんが，それが保証されていない中で行う練習がどこかで意味を持つとしたら，ある種のお膳立てされた会話で「今，まさに練習してきた Nice to meet you を使うときだ」とか「ここでこの気持ちを表現するのに授業でやった I'm afraid を使える」などと，覚えた形をせりふとして繰り出すことぐらいでしょう。

今，ベースになるものが必要だという話をしましたが，もしかしたらこのような反論をされるかもしれません。つまり「覚えて練習したパーツをつなぎ合わせ，積み重ねていけば，それなりの言語能力を作り上げることもできるのではないですか」と。もしパーツをつなぎ合わせて作り上げられた能力が人の形をしているとしたら，レゴのブロックで組み立てたフィギュアのようなものかもしれません。たくさんのブロックを使って「作品」をどんどん大きくしていくことはできますが，どこまで巨大化してもあまりスムーズには動かなさそうだし，むしろぐらぐらと不安定になってくる，無理やりどこかに力を加えて動かそうとすればパキッと折れてばらばらになってしまいそうです。そのように言語能力を作り上げていくのはそもそも大変そうで，だからこそ中学生，高校生たちが現状で英語の学習から大量に脱落していっているのではないでしょうか。結果としてできた「構築物」も決して健全な言語能力とは言い難いはずです。

「語彙と文法と練習」のアプローチを唱導する人たちはおそらくこう考えているのだと思います――「英語技能という面では十分な成果は上げられないだろうが，今の日本の言語的環境，そして学校教育の条件のもとではこうしていくしかない。このやり方は学校のシステムにすっぽり当てはまって学習評価もしやすく，うまくいってもいる。」と。しかし，日本人学習者にとって最適な目標と方法論に基づいていると考えられているそのやり方は，皮肉なことに学習者をあまり幸せにはしていません。それに適応できるのは（おそらくそう主張する人たちがそうであるように）分析的な言語適性の高い人たちだけです。実際，ほとんどの学習者たちはそこから脱落していっているではありませんか。そして彼ら，彼女らが大学生になったときには「すべての教科の中で英語がいちばん嫌いで，いちばん苦手だった」と口にし，英語が必要になる場面から極力距離を置こうとするのです。

私自身が高校生を教えていて，動詞について話したとき，1人の生徒は非常に素朴に「動詞のことなら知ってるよ。動くものだからバスとかでしょ。」と反応し（てくれ）ました。大学で指導していた学生の1人は教育実習先の高校で生徒から「『ザットイカ』っていったい何ですか。先生がいっつも呪文みたいに繰り返してるんですけど。」と相談を受けたそうです。その子は中学校のときからそのときまでどんな気持ちで，どれだけのわからなさの中でがまんして英語の授業を受けてきたのでしょう。そういう生徒たちが少なからずいることが，「語彙と文法と練習」主義者たちの視野には入っているでしょうか。そうした生徒たちにも取り組めて，進歩の実感を持てる英語指導と学習の方法を，私は考えたいと思っているのです。少し長くなりましたがここまでが2つ目の問題提起で，練習至上的なアプローチに対する私の懸念についてお話ししたつもりです。

2.2.3 責任感・査定・プライド

英語教育の現状に関する3つ目の指摘は，ここまでとは違った側面に関するものです。お話しするのは，どうしても現状維持を指向しがちになる先生の心理的側面です。もちろんすべての先生に，これから述べることのすべてが当てはまるとは決して思っていません。あくまで一般的な心理傾向として理解してください。まず，今の学校という場に作られている「勉強と評価のスキーム」もしくは制度の中で，次のように考える先生は少なくないかもしれません。

「生徒は教わったことを身につけ，できるようにならないといけない。それが勉強だし，がんばった生徒にはそれがきちんと試験の結果や成績に反映されるようにしてやりたい。そうさせることが自分の務めである。」

このような意識は先生として責任感と使命感，そして教育的な善意に由来するものですから，そう考えて献身的に指導をされている先生を私は尊敬します。ただ，ここでは所与の条件を受け入れ，その中で設定されている目標に対して成果を上げることを目指しているわけですから，何かを変えていこうという発想にはなりにくいでしょう。職業人としての先生の立場では，次のような心理が働くこともあるかもしれません。

- 期待されているとおりきちんと指導してその成果を示さなければ，学校長の査定も低くなり，キャリア形成にも影響してしまう
- 生徒が英語を間違うし，試験の平均点も他の先生が教えるクラスより低いとなると，それはすなわち自分の指導の失敗と見なされるので，とにかく教えたことを生徒が正しくできるようにさせなければいけない
- これまでの発想ややり方を変更することは自分が信じてきたことの否定，究極的には自分の全キャリアの崩壊になってしまう

これらの項目のうち，最初に挙げた査定の話は数年前に公立高等学校の先生から聞いたことに基づいています。今の学校では教員の授業を校長が見に来るそうだし，各教員に対する学校長面談というイベントまであるそうですね。その結果で何が変わるのか──反省や研修を求められたりするのか，給料にも影響があるのかなど──は知りませんし，自治体によって異なるのかもしれませんが，もしかしたら異動の可能性などの長期的なキャリア形成に響いてくることもあるのかもしれません。だとしたら，そこではもはや何か

新しいことに挑戦するとか，自分の独創で何かを試してみるといった余地がなくなっていっても不思議ではありません。決められているようにきちんと指導して，その成果を示すことが先生の仕事のすべてになっていくでしょう。私が 1980 年代に教えていた学校で校長がもし一方的に教室にやって来ようものなら，その学校長自身の身がどうなっていたかと心配なくらいですが，今はとにかくここで述べたような世界になっているようです。組織の長は全知全能であり，その方針をトップダウンで隅々まで徹底することが運営の効率と効果にとって最善であるという発想が学校という場の，教育の営みにまで適用されていることに対しては，絶望的な気持ちになってしまいます。2 点目も，人からの評価を気にする必要があるという意味では同根の意識でしょう。最後の項目はそれら外圧の問題とは違って，先生自身の内面の葛藤に関することですが，ドラスティックな発想の転換を求められるような局面では，このような人間の「現状維持バイアス」が働いたりすることもあると思います。

こうして考えてくると，日本の英語教育は指摘した 3 つの要因，すなわち媒介に関する発想の転倒，練習至上主義，そして心理的な抑圧が組み合わさって，伝統的なやり方がどこまでも受け継がれていくしかない世界なのだろうかとも思われてきます。それでもなお，そこに含まれていた問題点や障害を乗り越えて，どのように英語の指導をよりよくしていけるのかということを，ここからは考えてみたいと思います。

2.3　環境としての課題

2.3.1　環境世界

次の 2 枚の絵（図 1）[2] をご覧になったことがありますか。「環境世界」あるいは「環世界」と呼ばれる概念が表現されたものです。風景の中のすべてが客観的に描かれているのが左側の絵です。花畑，草原，中央の蜜蜂，遠景

[2] von Uexküll, Jacob and Georg Kriszat (1934). *Streifzüge durch die Umwelten von Tieren und Menschen: Ein Bilderbuch unsichtbarer Welten.* Rowohlt. p. 59 より引用。

図1

の（多分）森，その他のもの。しかしそこにいる蜜蜂にとっての世界はというと，右側の絵のようなものだといいます。その蜂にとって特に意味のあるものは花であり，円や星型になっているのが特徴なので，蜂はそういう形を持つものに反応するようにプログラムされていて，それらが蜂にとっての環境世界になっているのだという話です。

言語の教室ではどんなものであれ学習者に与えられる課題があって，それがその教室の中にその学習者を取り囲む「課題空間」と呼べるものを作り出す，そしてそのスペースは学習者にとってのひとつの「環境」と言っていいものだと，私は考えています。学習者にとって意味のある課題空間を教室の中に作り出し，英語をそれらに取り組む際の媒介言語として用いる経験を通して，先ほどのことばで言えば発達の「ベース」を形成する，そしてその課題を学習者の発達や学習上のねらいに応じて変化させていくことで，次第に学習者が英語でできることが増えていき，学習者の世界が広がっていくという認識を，私は持っているのです。教室で学習者に与える課題とはすなわち学習者にとっての環境であり，ある種の課題には学習者の世界を広げていく潜在的な力があるということです。

2.3.2　タスクとTBLT

今「ある種の課題」と言いましたが，それは言語教育の分野で数十年来さまざまに議論されてきた「参照的コミュニケーション・タスク」(referential communication tasks）を念頭に置いてのことです。それらは通常，便宜的にただ「タスク」と呼ばれているので，以下でもそれにしたがいます。そうした課題は，

(1) 英語を理解したり表出したりしないと設定されているゴールを達成できないように考えられている
(2) 言語的な縛りが一切ない
(3) 学習者は課題内容の達成を求められる

という条件をすべて満たすように考えられています。(1) の条件は当事者間に情報の授受によって解消しなければならない何らかの「溝」（あるいはギャップ）──具体的には持っている情報や当事者間の意見の違いなど──が存在することです。また，(2) のとおり，課題の遂行中に特定の語，表現，構文の理解などが問題にされることはなく，どのような表現を用いて話すかも完全に学習者に委ねられます。(3) で言っているのは，学習者に求められるのが英語の特定の側面を理解できていることや正しく表現できることを先生に対して示すことではなく，その課題自体を達成することだということです。今回のお話との関連では，さらに

(4) 私たちが世界の中で言語を用いながら行うことが何らかの形で反映されている

ことを，その要件に加えてもいいかもしれません。私自身はこれまで実際に英語を教える中で，そういった課題のことを種々考えてきました。

ここで定義したようなタスクを軸にして授業を構成していこうとするのが「タスク・ベースの言語指導」(task-based language teaching)，略してTBLT と呼ばれる考え方であり，指導の方法論です。学習者にはまず課題に取り組ませ，先生はその達成を言語面と内容面の両方についてサポートすることになります。このことがわかりやすいように，個人的な体験として紹介したいエピソードがあります。いわばタスク・ベースの「ゴルフ」指導 (TBGT) の話です。

私が入会しているスポーツ・クラブには屋内のゴルフ練習場があり，ときどき行われているゴルフ教室の様子をトレーニング・エリアから見ることができます。その日は５つある打席に小学校の中・高学年と思われる子どもたちが入ってボールを打っているところでした。コーチは１人で，順に子どもたちのようすを見て回っていて，私が主に見ていた子どものところにやって来るのは何十球か打ったところで１回という頻度です。その子はまだゴルフを始めたばかりといったようすで，ボールもどこに飛んでいくかわからない状態でしたが，やってきたときのコーチはそれを見守るか，ほんの一言二言，何か話しかけるだけです。ただ一度だけ，何度目かにやって来たとき，コーチはペンを持ってその女児と，その隣で打っていた別の女児のグローブに印をつけると，何か注意を促したようでした。その日の練習テーマが「グリップへの意識」だったのかもしれません。

このエピソードを紹介したのは，これと同じように言語の指導と学習を進めていくことはできないのか，してはいけないのか，できないとしたらなぜなのかを考えてもらいたいからです。実際，してはいけないと言う人たちもいるのです。「軽薄にチャラチャラ，ペラペラと意味のないことを口にさせるだけの指導ではだめだ」という理由で。このような意見に対して，私は「軽薄なのはその人の性格や生きる姿勢の問題であって，英語の指導や学習の方法とは別のことではないのかな」と思ったりしてきました。それらの人たちが言うチャラチャラ話す意味のない内容というのが具体的にどんなことなのかも，あまり想像できませんでした。それでも一生懸命それらの論者の意図を理解しようとして思い至ったのが，そう言う彼ら，彼女らにはもしかしたら英会話フレーズ集のようなものが頭にあるのかもしれないということです。覚えておくと役に立つフレーズ，例えばウェブで私がたまたま行き当たった「女性の心をつかむ英語の口説き文句」といったものでしょうか。しかし，ここで今説明しているタスクによって学習者ができるようになるのがただそれだけか，便利なフレーズを覚えることだけかと考えると，私にはそう思えません。一見単純なタスクでもそこには比較，照合，類別，選択，評価といった認知要素が詰まっていたり，意見を述べ，反論し，調整し，合意に至るといったプロセスが含まれていたりします。行ごとにばらばらにした

文章の復元を求めるというシンプルなタスクでも，学習者にはテキストの結束性の判断や推論が要求され，文を適切につなぐためにその構造や文法事項に注意を向けることも必要になります。事後にストーリーの説明を求めれば，文学理論的な意味でテキストに表されていたヴォイスの内在化や再構築に至ることも可能かもしれません。

さらに，タスクを軸にした授業を右ページに示すように構成する（図 2）としたら，軽薄にペラペラしゃべる技術だけが養われるとはもはや思えなくなってくるのですが，いかがでしょうか。これは CEFR 関連の資料的文献の 1 つである *Threshold 1990*[3] で必須とされている事項をもとにして，かつて私が考えてみたタスク・ベースの年間シラバス案です。A 欄の「買い物」の内容を具体的に示したのが B 欄の項目です。[4] ここで，例えば前者の項目それぞれを毎月の授業のテーマに設定して，買い物について扱う月には具体的に後者の内容を取り上げていくというシラバスの構成が可能ではないでしょうか。それらの内容は，C 欄のように具体的なタスクとしてパッケージして授業で用います。その際，タスクのタイプごとの性格や用いる素材の難易度を考慮しながら，多様なタスクを提供するといいでしょう。さらに D 欄に示したような発展的な学習にもつなげられるかもしれません。この構想には過去にいくつかの出版物でも言及してきましたが，同じことは今も思っているし，もし機会があるならこの考え方に沿ったタスク・ベースの教材を作ってみたいとも考えています。

2.4　言語教育の意味

ここからは指導方法論という次元を離れて，広い視野で言語教育，そして私たちの教育的文脈における英語の教室の，そもそもの役割や意義について

[3] van Ek, Jan Ate and John L. M. Trim (1991), *Threshold 1990,* Cambridge University Press.

[4] A 欄の日本語訳は投野由紀夫（2013）『（CAN-DO リスト作成・活用）英語到達度指標 CEFR-J ガイドブック』大修館書店（p. 48）による。

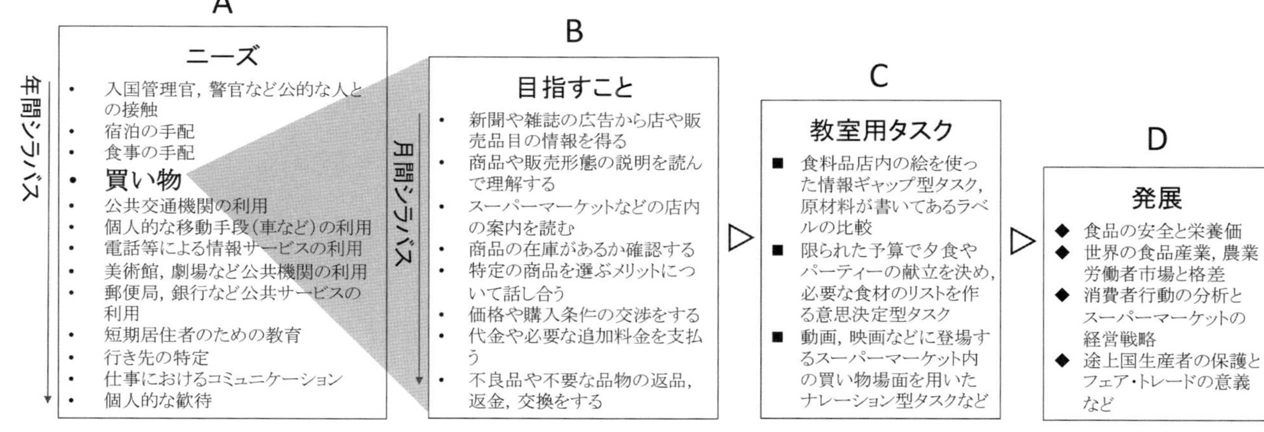
A
ニーズ
• 入国管理官，警官など公的な人との接触
• 宿泊の手配
• 食事の手配
• 買い物
• 公共交通機関の利用
• 個人的な移動手段（車など）の利用
• 電話等による情報サービスの利用
• 美術館，劇場など公共機関の利用
• 郵便局，銀行など公共サービスの利用
• 短期居住者のための教育
• 行き先の特定
• 仕事におけるコミュニケーション
• 個人的な歓待
年間シラバス
B
目指すこと
• 新聞や雑誌の広告から店や販売品目の情報を得る
• 商品や販売形態の説明を読んで理解する
• スーパーマーケットなどの店内の案内を読む
• 商品の在庫があるか確認する
• 特定の商品を選ぶメリットについて話し合う
• 価格や購入条件の交渉をする
• 代金や必要な追加料金を支払う
• 不良品や不要な品物の返品，返金，交換をする
月間シラバス
C
教室用タスク
■ 食料品店内の絵を使った情報ギャップ型タスク，原材料が書いてあるラベルの比較
■ 限られた予算で夕食やパーティーの献立を決め，必要な食材のリストを作る意思決定型タスク
■ 動画，映画などに登場するスーパーマーケット内の買い物場面を用いたナレーション型タスクなど
D
発展
◆ 食品の安全と栄養価
◆ 世界の食品産業，農業労働者市場と格差
◆ 消費者行動の分析とスーパーマーケットの経営戦略
◆ 途上国生産者の保護とフェア・トレードの意義など

図2

＜アメリカ社会における言語教育の意味＞
社会・政治体制、権力、雇用者、搾取
主体、資本家、同化圧力、WASP
貧しく、英語能力に乏しく、教育を受ける機会にも恵まれず、
体制に搾取され、利用される移民労働者やマイノリティー
搾取と暴力的支配を免れ、社会の中で足場を築き、自らの未来を
切り開いていくのに必要な言語能力

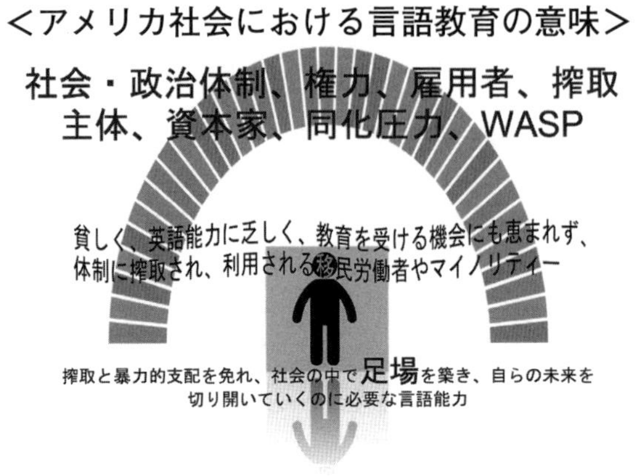

図３

考えてみます。*Second Language Acquisition and Task-Based Teaching*[5] という本の中で，著者である *Long* が言語教育の意義を強く訴えている箇所があります。その内容をこのように可視化してみました（図 3）。

Long がしているのはアメリカの話です。アメリカの社会には多くの移民がいて，階層や差別，貧困，それらに関わる人種の問題などがある。そういう社会に存在する貧しく，英語の力に乏しく，教育を受ける機会にも恵まれない，体制に搾取され，利用されて生きる移民労働者やマイノリティたち。それらの人たちが自分の未来を切り開いていくために必要な力を授けること，それが言語教育の意味なのだと述べられています。

日本の事情はもちろんそれと同じではありません。学習環境も，学習者のニーズも違います。では日本ではいったい何を見通して言語教育を行っていくのか，私なりに考えたことを次のように表現してみました（図 4）。日本の社会では英語を使う機会も，その必要も（多くは）ありません。その日本の社会が，私が生きてきたここ四半世紀の間にこんなにも不自由で，制約だらけで，不寛容で，他責的で，監視的で，してはいけないことだらけのもの

---

5 Long, Mike (2015) *Second Language Acquisition and Task-Based Teaching*, Wiley-Blackwell.

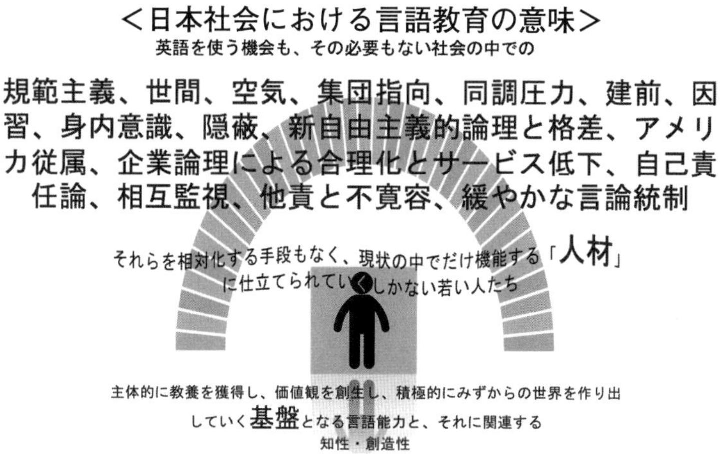

<日本社会における言語教育の意味>
英語を使う機会も、その必要もない社会の中での

規範主義、世間、空気、集団指向、同調圧力、建前、因習、身内意識、隠蔽、新自由主義的論理と格差、アメリカ従属、企業論理による合理化とサービス低下、自己責任論、相互監視、他責と不寛容、緩やかな言論統制

それらを相対化する手段もなく、現状の中でだけ機能する「人材」に仕立てられていくしかない若い人たち

主体的に教養を獲得し、価値観を創生し、積極的にみずからの世界を作り出していく基盤となる言語能力と、それに関連する知性・創造性

図 4

になってしまいました。その中で個人がどこまでも萎縮していけば，日本の国力が落ちていくのも無理はないと思います。現代の日本社会を特徴づけるキーワードとして図中に挙げたことの他に，あなたならさらに何を足したいでしょうか。そうした社会の中で自分を取り巻いているさまざまな構造権力や社会的抑圧が存在する中，自分の置かれている状況を相対化する手段もなく，現状の中で機能する「人材」に仕立てられていくしかない若い人たち。彼ら彼女らに自分の状況を俯瞰し，そこから一歩でも踏み出す力の基盤を授けるという視野を持って言語教育を進めていくことが必要なのだと思います。今日お話ししてきたのは，そういう力を効果的に育むことのできる言語教育の方法論とはどんなものだろうかという視点で私が考えてきたことです。1 つつけ加えるなら，私は今使った「人材」ということばが非常に嫌いで，それが多用される社会に対して違和感を覚えています。このことばを頻用する人たちというのは人を何かのパーツ，材料としてしか見てないのでしょうか。そんなことばが当たり前に行き交っている社会で，就職に際して「御社にとって価値のある人材になりたい」などとみずから発言している若い人たちが，私には不憫に思えます。

2.5 おわりに ── 環境と経験

そろそろまとめに入らなければなりません。何年か前のことですが，私が20代の頃に勤めていた高等学校で3年間続けて担当した学年の同窓会が開かれました。生徒たちが卒業して25年以上がたっていましたが，私が授業で用いた教材のことを本当に多くの卒業生が口にするのに驚きました。それは今日お話ししたタスクと呼べる課題ではなく，当時人気のあった映画をテーマにした読解教材でしたが，それがそこまで心に残るというのはなぜなのだろうと思いました。英語が自分の関心との関連を持ち，自分たちが存在する現実の世界に入り込んできたことの新鮮さがそこにあったのかもしれません。

また，私が3年次に受け持っていたクラスには，その年の秋に腕に大怪我をし，長期間の入院と何度もの手術を経て，授業が終わる時期になってようやく学校に復帰できた女生徒がいました。卒業のために何らかの方法で成績を出さないといけないのですが，まだ腕に負担をかけることはできないので，書く課題を与えたり，筆記のテストを受けさせたりすることはできません。そこで，よさそうな英語の歌を1つ選んで，その歌詞の意味，文法，語彙を理解したうえで，英語の音やリズム，ストレスなどの特徴をつかんで歌えるようになることを目標に設定し，もうだれも来なくなった教室でいっしょに何日か歌の練習をしました。

同窓会のとき，その子（同窓会のときは女性）もやはり真っ先にその話をして，その後の仕事やプライベートでカラオケに行くことがあると必ずその歌を歌ったこと，「英語の歌を歌えるなんてすごいやん」と言われて人とのつながりや新しい経験の機会を持つことができたことを，とても感謝されました。その子が感じたのは英語に関してどんな小さなことでも何かができることの，自分の生活，生きている世界の中での意味だったのかもしれません。なお，その子に対するそのときの評価は「上手に歌えるようになりました」です。それが成果ですから。会議資料を含むすべての書類にそう書きました。少なくともその点では，それはタスクの要件を満たす課題だったと言えるかもしれません。とにかくその同窓会で思ったのは，生徒は先生を，こんなことをやったという課題によって覚えているのだということでした。

いろいろな分野で，あの時期にあのことに出会ってその後の人生が決まったという話を聞くことがあります。どんな環境で何を経験するかというのは人にとってとても大事で，時として決定的なことです。ここでようやくこのワークショップの本当のテーマである「英語の教室で何ができるか」に接近するのですが，英語の教室でできる，というかできるといいと私が思うのはこういうことです。つまり，後で学習者が「そういうやり方で英語を勉強したことがよかった，何かにつながった，それによってこのことができるようになった，そのためにいくらかでも幸福になれた，人生が広がった」と思えるように教材を作り，その未来に新しいことばを吹き込むような方法で英語の理解や使用を経験させることです。途中，理屈っぽい話もあって，楽しんでもらえたかどうかわかりませんが，私の今日のお話はここまでです。

3. 質疑応答・意見交換

司会：ありがとうございました。英語教育というか，教室で何ができるかについて，お二人には具体的な指導の例も出していただき，ありがとうございました。二つのお話は，根本的にはやっぱり重なっているという感じを，私としては受けました。私がそれについて話す前に，フロアの方から何かご質問やご意見がおありでしょうか。はい，狩野さん，どうぞ。

3.1 日本社会と英語教育の衝突

狩野：狩野です。今日はほんとに興味深いお話ありがとうございます。松村さんにちょっと質問なんですけど，先ほど，今日本の社会では規範主義──正確な用語を覚えてないんですけど，とにかく正しいモデル──があって，それがちゃんとできているかどうかっていうのがやっぱり社会の空気になっているっていうことをおっしゃっていました。その中でわれわれ英語の先生は「あなた，自分の意見を言いなさい」っていうことを生徒や学生に対して求めるわけですよね。これ，ある意味，何か自己矛盾していると思うんです。何かちょっと自分でやっていることと社会のニーズが合ってないっていうところがあると，私はいつも考えているんです。それで，ジレンマに陥ってしまうってところがあるんですけど，それについて，松村先生のお考え，お聞かせいただけないでしょうか。

松村：そのとおりだと思います。私が日頃考えていることを，狩野さんに今言ってもらった気がします。先生のほうも上から言われたことを聞いて，そこから外れないようにやらなきゃいけないですしね。最近の英語教育系の学会に参加すると，学習指導要領で求められていることをどう工夫して実現するかという話ばかりで残念な思いをします。指導要領に対して批判的な発言とか，それ以上のことを考えようとするとか，そういう発表にはめったに出会えなくなりました。先生自身が今ではそういう環境に置かれていて，自分で考えることを許されていない。その一方で生徒には自分の頭で考えなさい，自分で試行錯誤したりアクティブな思考や判断，表現をしたりしなさいと言っても，そうはならないと思います。

狩野：生徒が黙っているっていうのは，ある意味正解なんですね。

松村：はい。大人の世界をよく見てるんでしょうね。

狩野：っていうことですよね。

松村：はい。

狩野：どうもありがとうございます。

松村：いえ，狩野さんも僕と同じことを考えてるのだと分かってうれしかったです。

司会：今の話について，白畑さんどうですか。

白畑：まったくその通りですよね。だんだん意見を言う人が減ってきちゃって，意見を言うと，何か変な人みたく思われるようになってきていると思いますよ，ここ10年ぐらいで，そういう感じがしますよね。昔はほんとにがんがん言っている人が多かったんですけど。言わなくなってしまったのはほんとに，何だろう，日本の社会全体がそうなのかもしれないけど。まああんまり言うと，ちょっと政治的なことになるので今日はやめとくけど，若林さん（司会）と2人になる時は本音を言うかもしれません。つまり，「政治的なことを言いそうな雰囲気になって，問題発言になるかもしれませんのでやめときます。」っていうふうな感じで，ちょっと今，僕もやめてるでしょ？こういう感じなのよ，だから。だから言わない。言えないのかもしれないけど。もともとあんまり批判的に思ってないのかもしれない。そういう先生が多くなっちゃったのかなあ。それはすごく思います。

司会：はい。ありがとうございます。私は，根本的に──このワークショップもそうなんですけど──何で，例えば英語の先生は英語を教えてるんだろうっていうことは問わないといけないと思うんです。それはすごく大事なところです。それが，例えば国語の先生でもやっぱり自分は国語を何で教えているんだろうって問うべきでしょう。やっぱり先生っていう仕事っていうのは，もちろん責任もありますけど，ロボットじゃないわけだから，やっぱりそこに人がいて，子どもたちもいて，一人一人やっぱり違う，似た世代の子どもたちかもしれないけど，クラスには一人一人の別人格の子どもがいて，その中で，教えるっていうことをやっているので。昔は好きなことをみんな好きなように言っていろいろあったみたいな気もします。しかし，それも半分作り話的な感じはあるんですよね。結局，自分たちの実力の範囲でやっていくことになると僕は思うんですけど。重要なポイントはやはり何で英語をやるのかっていうところに関わってくるのかなと思いました。松村さんのお話では，英語を媒介とするというのが１つのキーワードで，白畑さんのキーポイントの１つは，知的なわくわく感を出すということだと思ったんですけど，いずれにせよ「何で英語なの？」とはやっぱりみんな思うんじゃないのかなと思います。

白畑：だからね，英語だけじゃないと思うんですよね。僕らが英語の先生なんで，英語でって言っているだけであって，ほんとは国語でも社会でも理科でも算数，数学でもどの分野でも，音楽，体育もそうかもしれませんが，あらゆる分野でそういうことをやってかないといけないっていうのは思いますね。だから英語だけでやっても駄目かもしれないっていうか，英語の時だけしゃべろうなんてね，自分の意見言えって言って，他の時に静かにしろとか言っていたら，結局は矛盾しているわけですからね。だから英語の時だけではないですよ，僕が今日言いたいことはね。特に国語なんかは，もっとどんどん意見言って，やってかないと駄目なんじゃないかなと思います。

3.2　国際共通語としての英語

司会：松村さんのお話の最後のところで，マイク・ロングがアメリカ社会に関して述べていることが紹介されました。それから，日本の社会に関する松村さんの分析があったんだけど，やっぱり英語に関しては外国語として教えられているということが大きいと思います。アジアの話は出てきませんでしたが，少なくともアジアではいろんなところで英語が教えられているし，使われている。例えばわれわれが日本以外のアジアの人と話すときにも，必然的に英語でということになる。アジアの国などでは，本やウェブサイトに日本的な価値観からすると非常に過激な意見が載っていたりとか，あるいは僕らが知らない，たとえば搾取の側面がはっきり見えるようなことが書かれていたりとか。それらには政治的な部分ももちろん関わってくるかもしれないけど，こういうマテリアル，内容を扱うことは，生徒をより広い視野で物事を考えられるようにするための大きな手段じゃないかっていう，そういう気はしますよね。そこに先生がまず気づかないといけないですよね。白畑さんのおっしゃるように時間が必要とかそういうことはもちろんあるんだけど，教科書以外のところにいろんな素材が存在しているということに目を向ける，それに気付こうとする態度っていうか，そういう部分も非常に大事なんじゃないかなっていう気はしました。柴田さん，お願いします。

3.3　批判する力

柴田：はい。特に発言するつもりはなかったんですけど，学習指導要領っていろいろ，ああしなさい，こうしなさいっていうのは書いてるし，それを批判するっていうのも分かるんですけど，批判とか反論するのって，こっちがすごく知識がないとサイエンティフィックにはできないので，やっぱり批判するっていうのは非常に難しいなっていつも思うんです。それから，私もいつも言うんですけど，それは駄目っていうんだったら，じゃあどうしたらいいのっていうことも考えてよねっていうことです。すいません，ちょっととりとめがないんですけど，それがふだん私が感じていることです。

司会：はい。ありがとうございます。今の指導要領に対する批判みたいなのも結局のところはちょうど柴田さんがおっしゃったように，あるいはわれわれが今話しているように，それよりもっと良いことを，要するに責任持ってやるにはどうしたらいいのかっていうところに関わってきますね。力量も必要なんだけど，そこに存在する問題や思想を見ようとする態度っていうかね，そういうものもすごく関わってくるのかなという気もします。

3.4　教員の「自由」と拘束

司会：今の話に乗っかって発言させてください。松村さんが今回のテーマをシフトして示してくれた「英語の教室をどうできそうか」っていうのは，基本的には今の状態じゃひどいんですよっていうのが根本的にあるっていうことなんですか。

松村：そう理解してもらってけっこうです。私のお話では，個人的に疑問を感じること，もう少し考え直してみる余地があるんじゃないのかなと思うことのうち3つを挙げたということです。

司会：例えば先生たちの心理の話があったじゃないですか。要するに，先生がもっと勇気を持っていろんな好きなことやりなさいよっていうような形にしようと思うと，どんなことができるんですかね。もちろん一人一人の先生に考えてほしいっていうのもあるけど，白畑さんも松村さんも僕も大学で教えているという立場なので，そういう立場から見てどういうことを発信して共有していけばいいでしょうか。やっぱり何かしないといけないんじゃないかなと僕は思うんですけど。どうですか，そのへんは。

松村：白畑さんがやってこられたように，先生に向けた本を出してメッセージを伝えていくことにはとても意味があると思います。学校の先生にはそういう本も読んで，学会などにも参加してもらって，問題を見極めるための，柴田さんがおっしゃっていた知識のベースを持ってほしいですね。県や市によっては学会や研究会に自発的に行くことを，「それ校務と関係があるの？」

などと言って止められるといった話も聞くことがあるので，学校の先生の，言ってみれば「生態系」の中で難しいところはあるんだなとは思いますね。

司会：白畑さん，どうですか。

白畑：まったくその通りです。例えば，ある時まで現場の先生をやっていて，キャリアの途中で教育委員会に移る人がいますよね。指導主事とか。移るわけです。そうすると，県によっては学会で発表する時に○○市教育委員会って出すなって言う教育委員会もあるんですよ。つまり，「あなたは公的な仕事をしているのに――教育委員会という場で公的な仕事をしているのに――そういうあなたに発言されるのは困る」ってね，そういうところもあったりするわけです。全ての都道府県かどうかは僕も知りませんが。だから，すごく発言しにくいような世の中になっていることはあるんですね。

司会：そうすると，やっぱり僕がいちばん大事だと思うのは，縛られないことですかね。ちょっと話が飛んじゃうかもしれないけど，僕が高校教員だった頃は，夏休みは研修ということになっていて，学校に行かなくていい時期があって。

白畑：そうね。

司会：それを取り戻すことがすごく大事っていうような感じが，僕にはあります。結局，先生はロボットじゃない，生徒・学生もロボットじゃないっていう話に戻っていくんですけど。授業をしないとき，研修と言っても，先生は何もしてなくていいと思います。何もしてなくて，外から何をしているかが見えなくても，あるいは，もう単に遊んでいるように見えてても全然よくて。でも，やっぱり子どもたちの名前をちゃんと出しながら，同僚と話をするというような職場環境があって，別にお酒は飲まなくてもいいけど，隣のクラスの先生と一緒にご飯を食べるというような，そういうようなことがあっていいんじゃないかなって思います。そういうことがすごく大事で，先生は，そういうことがあって初めて，生徒一人一人を見ていくっていうのができるんじゃないかなっていうのを，そういうことは思いますけど。

白畑：そのとおり。そのとおりだと思います。先生が，夏休みにゆっくりと考える時間がなくなってきているっていうのも，一つ大きいかもしれないですよね。全くそのとおりだと思います。

司会：今，僕らは，インターネットで海外と日本の教室をつないだ協働授業[6]をやっていますけど，それで実際に授業をしてくれる先生たちは，やっぱり大変ですからね。通常の仕事プラスアルファなんで。実際には，やる気だけでやってもらっているわけだから。やっぱり，新たな取り組みがあった時に，そういうところにやろうって入ってきてくれる先生は，英語の力も必要だし。英語ができなければ実際このプロジェクトで教えることは難しいので。できないのが悪いって言っているわけじゃないんですよ。さっきの柴田さんの話じゃないけど，良くしていくとかいうことになったらもっと教育に対するお金も，それから場所も人も時間もかけてもらわないといけない。そこが大事だろうなっていう気はとてもします。すいません，長い話になって。

白畑：いやいや，そのとおりだと思いますよ。

3.5　英語使用の必然性

司会：皆さんいかがですか。あと残された時間 20 分ぐらいですけど。よろしいですか。今日のスライドを作ってくださった箱﨑さんとか，いかがですか。

箱﨑：はい。そうですね。私は小学校英語教育をやっているので，その視点で白畑先生のスライドを作っていました。小学校の場合どうしても使える表現が決まっているので，彼らが伝えたいことと使える英語表現っていうのがすごく違っているので，そこもまずギャップだと思うんです。いつも感じているのが，What color do you like? とかってやって，I like blue. って答

---

[6] 一般社団法人ことばの学び工房による「日本語を話さない人たちとのコミュニケーション＆コラボレーションプロジェクト」を指す。https://kotoba-kobo.jp/project を参照。

えられる。でも，彼らの，5 年生，6 年生のいわゆる知的発達段階から考えると，白畑先生のスライドにあったように「色，聞くなんて何のために？」となって，文脈なしじゃ何のための質問かっていうのがなかなか見いだせない。ですから，What color do you like? って聞く必然性，場面，状況っていうのをすごく工夫しなきゃいけないんだなっていうふうにいつも感じています。ただ，いつも感じるのは，小学生の場合はほんとに言いたいことと言える英語力がすごくギャップがあるっていうことです。以上です。

司会：はい。ありがとうございます。今のお話，小学生だけじゃなくて大学生も全部一緒ですよね。

白畑：一緒，一緒。

司会：だから，言いたいことがあるということが大事っていうかね。

白畑：まずね。まずはね。

司会：まずね。私はこれが好きなんだって言いたい。あるいは何か聞きたいことがあることが大事。例えば What color do you like? だったら color，例えば blue だったら「blue って自分の中ではどんなイメージ？」みたいなこととか，あるいは文化に違いがあって確かめないといけないことがあるかもしれないからっていうことでそういうことをわざわざ聞くわけですね。やっぱり。

白畑：そうね。だから，その後，もう一言何か欲しいっていうことかな。ただ，blue って言っただけで，相手が I see. って言って終わりにしちゃうと面白くないっていうのは僕が言いたいことで，もう 1 つ何か，もう一言加える必要がある。まあ小学生だと難しいのかもしれないけれども，そういうのが欲しいですよね。だから構文が大事です。ちょっと，もうちょっといい？

司会：はい。

白畑：構文を覚えるっていうのは，それはもちろんありますよ。構文を覚えていくっていうのはね。でも，それだけで終わると何かあまり面白くないのもあるのかもしれないというふうに思いますね。

司会：今ちょっと質問が来ています。

白畑：質問ね。

司会：はい。質問がありまして。

白畑：ちょっとごめんなさい。見てないので，今見ます。

司会：白畑先生のお話にあった訳読や丸暗記を超えたところの授業って具体的などんな事例があるんでしょうか，というご質問です。

白畑：僕が今日発表したようなやつです。

司会：白畑さんには例を挙げて発表してもらいました。その中でもポイントは，深い思考を促す問いを投げかけるということでしょうか。

白畑：そうですね。今日のことで言うとね。まあ，それだけじゃなくて他にもあるかもしれませんけど，もう少し教科書に書いてあることを，例えば，英問英答なんかもね，教科書に書いてあることを生徒に聞いているというだけの先生もいるわけですよ。それって，僕としたら――英文読解にはなっているから100パーセント悪いとは言わないけれど――何ていうの，教科書に書いてあるわけだから，それを聞いているだけでは，生徒はリピートして言っているだけになってしまって，だから生徒には別に面白くないかなって思うんですよね。そういうのに慣れっこになっちゃっているのかもしれないけれど，それが良くないなあと思っています。もう一歩踏み出して，そういう質問を超えたような質問を先生は考え出すべきじゃないのっていうことです。それが，僕が今日言いたかったことです。

司会：ちょっと加えさせていただくと。

白畑：どうぞ。

司会：僕が思ったことなんですけど，お 2 人のお話の中に共通する重要な部分は，要するに予定調和じゃないっていうか，英語は，決まったとおりのパターンをやるためのものじゃないっていうことだと思うんです。話すときには，そこに聞き手っていうのがいる。だから，「相手がこの人だからこういうふうに話すんだ」「こういう場面だからこういうふうに話すんだ」というふうにならないとおかしい。ここで伝えたい内容も変わってくる。この人に対してなら，例えば，僕が話すときに白畑さんに対して話す内容と，違う人に対して話す内容とでは，当然違うじゃないですか。

白畑：違うね。

司会：英語を媒介とするっていうのは松村さんのさっきのお話とも関係するんですけど，やっぱり，話の相手・場面・題材と，英語を媒介としてやるということの意味とをつないで考えていくって言うかね。さっきの箱﨑さんの話もそうですけど，話をするときは，最初に伝えたいものがそこに出てくる。この人にはこれが言いたいとか，自分が言いたいことを聞いてくれるのはこの人で，この人にはこれを伝えたいみたいなことを，まあ大学生ぐらいからそういうふうになっていくのかもしれませんけど。やっぱりそれを考えていこうとすると生徒や学生が見える必要がある。それを実際にやろうとすると現実的にはとても難しい。クラスサイズを小さくするとか，そういうことにもつながってくるかもしれない。一人一人やっぱり見ていかないといけないってことになると思います。はい，柴田さんが手を挙げてくださっているので，どうぞ，柴田さん。

柴田：すいません。さっきのお話で，白畑さんが，「1 つ答えてもらったら，あともう一言何か聞けよね」っていうのは，それは私もいつも学生に言っていることです。それから，以前これは他にどっかで書いたと思うんですけど，その定型のパターンを練習する時に，例えば Do you like ～？って聞かれた時に No, I don’t ってあんまり言わないですよね。それって時と場合によってはすごく失礼になるので。「じゃあ，どうしたらいいんだ」っていうことになって，時々，学生に「グーグルで探しておいで」って言うんです。

そうすると大体学生が持ってくるのは Not really とか，何かそういうちょっとやんわりした言い方，indirect な言い方っていうのを学生が探してくるので，そういうのも一つ手かなっていうのはいつも思っています。だから，やっぱり日本語でもそういう言い方しないんだから，英語だってやっぱりそういう時はそういう直球投げないよねって。「これ好き，あれ嫌い」って，そういう言い方せんじゃろっていうことで，やっぱりある意味プラグマティクスなところも取り入れていく必要はあると思います。これ，別に中学校だって小学校だってできることだと思います。すいません，コメントです。

司会：いわゆる Data-Driven Language Learning みたいな感じになるわけですよね。自分で探して，言いたいことがあるからそれを探してきて。data-driven っていっても別に，何ていうかな，データを見るためにデータを見るわけじゃなくて，探したいものがあってそれを見つけたくて探すから，そういうのって，覚えようとしなくても，やれば 1 回で覚えちゃうこともよくあるんですよね。

3.6　なぜ英語を学ぶのか

司会：やっぱり最終的に，「何で日本で英語やるの？」っていう話に戻っていきたいんですけど，どうでしょうか。日本の教育に歴史があるから，そのカリキュラムの中に英語が組み込まれていて，それで大学受験にも組み込まれていてとか，そういう実際的な面があります。でも，今日も Zoom でワークショップしていますけど，こういうアプリを使って海外の人とも話ができるようになって，YouTube の動画も教材としてたくさん使えるようになって，音声教材もたくさん使えるようになってっていうように世界が変わってきた中で，今，何で英語でやんの？何が英語なの？っていうようなことを問い直したい。やっぱり英語の先生としては，英語が好きだからとか，英語が得意だったからとか，文学や言語学の面白さみたいなことに触れて，それをみんなに伝えたいみたいな，そういうところがあったからかもしれないけど，やっぱり中学生や高校生や，あるいは大学生もそうですけど，何で英語やるの？っていう話が，今は非常に考えるべき時期なんじゃないかなっていう感じがするんです。

この話，もうお話の中に何回も出てきたかもしれませんけど，もう一回そこのところ，何で英語なんだろう？要するに国語も社会もみんな同じように，自分は誰か？とか，あるいは，どういうふうに自己実現していきたいかとかそういう話をやらなきゃいけないでしょうね。何で特別，外国語をやらないといけないの？っていうのは，僕らの時と今とは違うと思うんです。僕の若い時は少なくとも，外国に対するあこがれっていうのが社会にあった気がします。僕は，実際，高校卒業するまであんまり英語が得意じゃなかったんだけど，大学で英語をやりたいなと思ったのは外国に行っていろんなこと見たいとか聞きたいとか知りたいとか，そういうことがありました。そういうことを思っていた高校生の自分がいました。おかげさまで，これまでにいろいろ知ることもできましたし，英語もそのものも聞くことも話すことも，今は前よりはできるようになったわけですけど。今の中学生とか高校生に──もちろん小学生にもですけど──「何で英語やるの？」って言われた時にどう答えるかっていうのはどうですか。白畑さん，どうですか。

白畑：まず，それは究極的な問題だから一言，二言ではなかなか難しい質問だと思いますよ。僕がね，「何で英語やるの？」っていうふうに，もし聞かれたら，まず，その子って，ウルトラマンのカラー・タイマーがもう点滅しているっていうことなわけですよ。つまり，もうその子は英語が嫌いになっているんですよ。英語が嫌いになっている子が「何で英語やるの？」って言うわけです。好きな子は言わない。だって面白いから。「何で英語やるの？」「面白いから。すごく面白いからもっと分かるようになりたい」。テストの点もいい子が，大体そう答えるのだろうけど。「すごく面白い」って。別に，だからそういうふうな「何で？」なんてのは，考える必要ないかもしれない。

それで，算数も数学も理科も社会も，全部他の教科も同じだと思うんですよ。面白いからやる。面白いからやるっていうことです。だからね，一番いいのは，ほんとはそんなこと考えさせないような授業を組み立てて，「面白いでしょう？」って先生が言わなくても「面白い」と思ってくれれば，まずはそれがいいんだろうなと思うんですよね。

次は「どうして英語やるの？」っていう子に対して，どう答えるかということなら，僕は，まずはマンツーマンで「どうしてそう思う？」って聞くね。「どうしてそういうふうに思うようになった？」って聞けば，きっと何か言ってくれると思うね。例えば，「文法が分からなくなっちゃった」とか，「単語をたくさん覚えないといけないんだけど全然頭ん中へ入ってこない」とか。なので，そういう時には，その子に対する個人的なケアを，時間がない中でも先生はやっていってあげないといけないのかなって思います。

それこそ，英語圏の音楽が好きだから英語勉強したいっていう子もいるし，若林さん（司会）が今言ったように，世界に目が向いているような感じの子もいるわけですよ。将来外国に行くかもしれないから英語やっとくといいなあとか，そういういろんな子がいる。僕なんか，ことばそのものが好きだったんで，ことばって面白いなあって思って，音声，面白いな，なんて思って，そういうところで英語とくっついてる人もいたりとか，いろいろなんで，とにかく嫌いだっていう子は，嫌いになってそういう質問する子に対しては，もう個人的に原因を突き止めてやるところが，まずは身近かなあなんていうふうに思いますけどね。

司会：ありがとうございます。

白畑：はい。

司会：松村さん，どうですか。

松村：今までに出た話で尽きているんじゃないでしょうか。先ほどの箱﨑さんのお話に関連づけて言うと，白畑さんが今おっしゃったようにカラー・タイマーが点滅している状態なのは，例えばWhat color do you like? を，せりふとして言わされてきたことからも来ているんじゃないかと思います。そうではなく，例えばペアなりグループなりで何かを探さないといけない，突き止めなきゃいけないような課題を与えたら，「おまえ，何色持ってる？」といったことが本当に必要な情報になって，自然に英語がリアルなことばとして出てくるようにできるし，そういうふうにするべきだと思います。

それから，「なぜ英語なの？」ということで言えば，例えば私たちは英語の論文も読んで研究するわけですけど，仮に日本語の論文しか読めなかったらどうでしょう。得られる情報はとても限られてしまうし，それによって自分が生み出せるものの幅もまた狭くなってしまいますよね。生徒や学生にとっても，英語で書いてある情報に触れられ，そのうえでいろんなことを考えられる，さらにその英語を媒介としてあれこれのことができることで世界が広がっていくっていうことはあります。さらに言えば，そうして生徒や学生一人一人の人生が豊かになっていくように，私たちはその手伝いをしているっていうことかなと思います。

司会：ありがとうございました。英語の教室で何ができるかっていう話の最後の回としては，いろいろこれから発展的に考えていくための材料をいただいたと思います。最後に１つだけ，僕がちょっとだけ，大変申し訳ないんですけど付け加えるとすれば，やっぱり外国語を使うっていうことの経験っていうのは他の教科とちょっと違うと思うんです。

白畑：違いますね。違うと思います。

司会：その違いが明らかに英語をやる意味の一つになるんじゃないかって，そういう感じはします。その経験が「英語の教室で何ができるか」ということを考える基になると思います。最後に松村さんがおっしゃっていたような，他の人とのつながりが広がるという部分も含めて，英語という教科には特別な大きな意味があるんじゃないかな。その意味がある形の教室を実現するには，最初に白畑さんがおっしゃったように，先生がやっぱり余裕を持ってやれるようにしたい。そこをちょっと何か応援できたらいいなという，そういう気はとてもしています。

白畑：そうね。

司会：以上で終わります。皆さん，どうもありがとうございました。

英語の教室で何ができるか

監修者　ことばのまなび工房
編　者　若林茂則
著　者　大津由紀雄・吉田研作・尾島司郎・中川右也
柴田美紀・冨田祐一・白畑知彦・松村昌紀
発行者　武村哲司
印刷所　日之出印刷株式会社

2023年9月24日　第1版第1刷発行©

発行所　株式会社　開　拓　社
〒112-0013 東京都文京区音羽1-22-16
電話　(03) 5395-7101 (代表)
振替　00160-8-39587
http://www.kaitakusha.co.jp

ISBN978-4-7589-2391-0　C3082